Amar
e ser amado

Conheça
nosso site

@editoraquadrante
@editoraquadrante
@quadranteeditora
Quadrante

Micaela Menárguez

Amar
e ser amado

belezas e ilusões sobre
o sexo e o amor

QUADRANTE

Título original
Solo quiero que me quieran:
Tesoros y trampas del sexo y del amor

Copyright © Micaela Menárguez 2021 e Ediciones Rialp S. A. 2021

Capa
Gabriela Haeitmann

Dados Internacionais de Catalogação na Publicação (CIP)

Menárguez, Micaela
Amar e ser amado: Belezas e ilusões sobre o sexo e o amor / Micaela
Menárguez; tradução de Juliana Mota — São Paulo: Quadrante Editora,
2025.

ISBN: 978-85-7465-873-5

1. Comportamento sexual 2. Ética sexual 3. Sexo: Aspectos sociais
I. Título

CDD—306.7

Índices para catálogo sistemático:
1. Comportamento sexual : Sociologia 306.7

Todos os direitos reservados a
QUADRANTE EDITORA
Rua Bernardo da Veiga, 47 - Tel.: 3873-2270
CEP 01252-020 - São Paulo - SP
www.quadrante.com.br / atendimento@quadrante.com.br

SUMÁRIO

INTRODUÇÃO — 9

1
EU ESCOLHO MEU PRÓPRIO DESTINO — 13

2
POR QUE NÃO SOU LIVRE? — 17

3
ROUBARAM MINHA INFÂNCIA? — 21

4
POR QUE AS GAROTAS COMEÇAM TÃO CEDO? — 27

5
O AMOR DEVE SER SENTIDO — 33

6
VOCÊS REALMENTE QUEREM FAZER ISSO? — 37

7
A QUÍMICA DO SEXO — 39

8
COMO POSSO TER PEGO ALGO SE USEI CAMISINHA? — 47

9
O QUE ACONTECE COMIGO QUANDO TOMO PÍLULA? — 61

10
SOU VICIADO EM PORNOGRAFIA? — 79

11
AMAR E SER AMADO — 99

12
A FAMÍLIA, LUGAR EM QUE QUASE SEMPRE SOMOS AMADOS 105

13
SUAS TEORIAS SÃO IMPOSSÍVEIS 111

14
MEU NAMORADO NÃO TEM "ATMOSFERA" 115

15
A FADA E O UNICÓRNIO 123

Para Jesús, meu marido, minha outra metade.
Para Laura, Pablo, Nacho e Carlos,
porque, desde que eles existem,
o mundo é um lugar um pouco melhor.

INTRODUÇÃO

Anos atrás, em um seminário sobre sexualidade, quando terminei a parte das infecções sexualmente transmissíveis, um garoto, que parecia estar muito preocupado, se aproximou. No fim de semana anterior, ele tinha ido a uma festa de Halloween. "E por que isso é ruim?", perguntei. "Porque hoje recebi esta mensagem". E me mostrou: "Não se sei é você, mas se for, eu tenho AIDS". O garoto estava assustadíssimo. Ele teve relação sexual com uma garota que nem sabia quem era, pois todos usavam máscaras. Além disso, não usou preservativo, porque estava bêbado...

Falei o que estava ao meu alcance, mas não era muito, além de recomendar que fizesse todos os testes. Por sorte, depois de passar por momentos de angústia, ele descobriu que não estava infectado.

Em outra ocasião, ao terminar uma aula, um aluno quis falar comigo. Depois de partilhar algumas dúvidas que o inquietavam, ele acrescentou: "Posso falar uma coisa? Na sua matéria, descobri que se sentir amado é muito melhor do que qualquer relação sexual...".

A sexualidade tem um quê de aventura misteriosa, uma sensação de adentrar propriedade privada, um território sagrado.

Este livro reúne minha experiência como professora universitária e minhas conclusões ao me comunicar com alunos adolescentes e seus pais em diversos colégios. Talvez

Amar e ser amado

tenha sido eu que mais ganhei, com as perguntas difíceis e a necessidade de dar respostas sólidas, sem deixar brechas. Adolescentes não permitem meias-palavras, eles exigem coerência, e devemos ser capazes de mostrar-lhes a saída do labirinto — para que possam sair sozinhos.

O ser humano foi criado para amar e ser amado. Em seu âmago, existe um desejo de felicidade e uma nostalgia de eternidade. Fomos feitos uns para os outros, para a felicidade e para a eternidade, e somente quando descobrimos essas duas realidades e ajustamos nossa conduta a elas é que vivemos satisfeitos e felizes.

A sexualidade humana pode ser uma maravilhosa *fonte de prazer*, na qual, em "um mesmo ato livre, somos capazes de expressar amor, dar prazer e dar a vida".[1] Nos últimos tempos, entretanto, ela também se transformou em *fonte de sofrimento*:

- Pelos relacionamentos efêmeros, que reduzem o prazer e não proporcionam satisfação, gerando frustação;

- Pelas rupturas afetivas, que desvinculam a entrega sexual da entrega emocional: corpo de um lado, coração do outro;

- Pelas infecções sexualmente transmissíveis (que são transmitidas com ou sem o uso do preservativo), pelas cirurgias desnecessárias e pelos comportamentos obsessivos, que causam danos à saúde física e mental;

---

1   M. Rutllant, *Manual básico de planificación familiar natural*. Albacete: Esin, 2001.

INTRODUÇÃO

- Pelas disfunções sexuais que atingem mulheres muito jovens, causando mais dor do que prazer, e que frequentemente as acompanham ao longo de toda a vida.

Por vezes, os seres humanos se deparam com estes paradoxos: algo bom e belo, e que é fonte de prazer e alegria em seu devido contexto, pode se voltar contra nós se o descontextualizamos. A desordem traz o caos.

Por isso, direcionemos o olhar a essa bela realidade, buscando entendê-la e melhor desfrutar dela, para que ela seja fonte de prazer e nos leve à verdadeira felicidade.

EU ESCOLHO MEU PRÓPRIO DESTINO

Uma das maiores dádivas que recebemos é a capacidade de decidir sobre nossa própria vida.

Decidimos quem queremos ser e como vamos ser.

Decidimos se acordamos cedo ou não, o que comemos, o que bebemos e a que horas vamos dormir.

Decidimos se queremos trabalhar com afinco ou de modo superficial.

Nas relações humanas, também decidimos como tratar os demais:

- A distância emocional que desejamos manter em relação às pessoas de nosso entorno: próxima, muito próxima, distante ou muito distante;
- se seremos acolhedores e simpáticos, ou ríspidos, interpretando tudo de forma negativa;
- se criticaremos as pessoas ou falaremos bem delas; e
- se desculpamos uma grosseria ou decidimos nunca mais dirigir a palavra à pessoa.

Meus alunos reconhecem que somos nós mesmos, *absolutamente sozinhos*, os responsáveis por tudo o que nos acontece. E, claro, devemos arcar com as consequências dos nossos atos.

Amar e ser amado

A liberdade, essa qualidade que nos permite seguir uma dieta, treinar para ficar em forma, esforçar-nos para agradar uma pessoa, também permite escolher se teremos ou não relações sexuais, quando, quantas vezes, onde e com quem. Se o ser humano não fosse livre, estaria preso à sua sexualidade, como acontece com os animais, e não seria possível renunciar a ela. Isso existe e se chama "celibato", uma palavra que começa a soar um tanto quanto antiquada, e muitos dos meus alunos sequer sabem o que significa. No entanto, a verdade é que existem pessoas assim no nosso século, assim como existiam em todos os anteriores: que decidiram nunca ter relações sexuais. "Mas *nunca* mais?", perguntam. "E como é possível?".

A liberdade é essa qualidade tão propriamente humana que faz o homem "ser aquele que decide o seu destino por meio de suas ações".[1]

Porém, para ter sucesso ao escolher o meu destino, devo ser capaz de fazer aquilo a que me proponho. Por exemplo: se quero tirar boas notas, mas não consigo estudar mais de quinze minutos seguidos, tenho um problema, porque minha vontade não está suficientemente treinada para cumprir o que desejo e escolher o meu destino. Se quero participar de uma tarefa de voluntariado no sábado de manhã, mas não consigo acordar cedo para chegar ao local do encontro com os outros voluntários, perderei uma experiência *que eu havia escolhido* e que *seria boa para mim*.

---

1 K. Wojtyla, *Persona y acción*. Madrid: Palabra, 2011.

EU ESCOLHO MEU PRÓPRIO DESTINO

O primeiro passo, portanto, é saber exatamente para onde quero ir. O segundo é saber se estou preparado para chegar até lá, se disponho das ferramentas necessárias para conseguir. Se não as tenho, devo saber o que preciso fazer para adquiri-las. Porque o ser humano é tão genial, tão absolutamente genial e completo, que se a meta é possível e ele faz o que está a seu alcance, o mais provável é que tenha sucesso.

2
POR QUE NÃO SOU LIVRE?

Os sentimentos são bons, muito bons. Eles nos ensinam a sermos carinhosos com os outros, a falar bem das pessoas. Às vezes, porém, os sentimentos querem nos governar. Querem ocupar tudo e mandar em nossa vida. Se estamos tristes, querem que permaneçamos assim o dia todo e, desse jeito, não conseguimos trabalhar, estudar ou prestar atenção na aula. Se estamos apaixonados, querem que pensemos apenas nisso e em mais nada.

Os sentimentos são bons porque nos ajudam a nos relacionar com o mundo, mas é preciso saber organizá-los. Não podemos permitir que dominem todos os espaços, pois assim não seguiremos para onde queremos, mas para onde eles nos conduzem. Nossa inteligência, que ilumina nossa vida, é que deve nos guiar, mas essa conduta exige treinamento.

A inteligência é aquela que organiza os nossos sentimentos, e a vontade é o que faz com que o corpo vá para onde desejamos.

Meus alunos costumam perguntar como conseguir isso, porque parece muito difícil, especialmente quando você se apaixona. Eles concordam que é preciso superar certo estado de ânimo, uma notícia ruim ou um relacionamento tóxico, mas a maioria não sabe como.

Amar e ser amado

A questão é que, se estou acostumado a conseguir todas as coisas que gosto de forma imediata e não aprendo a esperar, fico triste quando não as conquisto — uma tristeza profunda, que não posso controlar. Nesse caso, é o meu desejo que me governa, e não vou para onde quero, mas para onde esse desejo me leva.

Se eu me apaixono perdidamente por um garoto que só quer me usar e depois me abandonar, essa paixão pode me levar a fazer tudo o que ele pedir, mesmo que eu realmente não queira, porque sei que me machuca e que, depois, me sentirei péssima. Porém, como não tenho meus sentimentos e minhas emoções organizados, eu cedo. Nesses casos, os sentimentos tornam-se tiranos, pois me obrigam a fazer o que não quero, levando-me a sofrer depois pelo que aconteceu e por não ter sido forte.

Mas sou capaz de escolher o meu destino. Posso fazer o que quero e ir para onde decidir. Basta apenas treinar a vontade, e isso acontece pouco a pouco. Por exemplo, se normalmente me levanto às dez e quero madrugar, não posso me propor a acordar às sete; devo começar acordando às nove e meia durante um tempo, depois às nove, e assim por diante, até chegar ao horário desejado.

Se quero estudar quatro horas por dia, antes preciso estudar uma, com afinco. Depois, uma hora e meia ou duas, e assim até alcançar minha meta. E se quero comprar um celular novo e treinar a minha força de vontade, ainda que eu tenha o dinheiro necessário, posso esperar um mês e continuar usando o antigo. Será melhor; exercitarei minha força de vontade e depois aproveitarei muito mais.

POR QUE NÃO SOU LIVRE?

A escolha da pessoa certa para compartilhar a vida é a mais importante de todas. É mais significativa do que a escolha da carreira, do trabalho ou dos amigos. É o que, em grande parte, vai determinar a felicidade do ser humano ao longo de sua vida. Se essa escolha for guiada apenas pelos sentimentos, é mais provável que nos enganemos. Isso não significa que os sentimentos sejam irrelevantes. Tampouco que se apaixonar seja irrelevante. Significa que eles não garantem o sucesso de uma relação.

Muitas pessoas se casam por amor, mas não levam em conta as afinidades necessárias para construir uma relação estável e, assim, não alcançam estabilidade. As afinidades surgem ao enxergar a vida de maneira semelhante, de compartilhar valores culturais e nível educacional similares e talvez até a mesma religião... Sofre-se muito em uma relação sem afinidades, e quase sempre o resultado é a ruptura.

3

ROUBARAM MINHA INFÂNCIA?

Há anos eu me reúno com grupos de garotos e garotas dos anos finais do ensino fundamental ou do ensino médio. Às vezes, todos são da mesma escola; outras, o grupo é formado por estudantes de escolas diferentes, com formação e educação variadas. Ao final de todos esses encontros, surgem as mesmas perguntas:

- Por que as relações sexuais na minha idade não são legais?
- Por que não posso fazer o mesmo que todo mundo faz?

E, embora não me perguntem, muitas das garotas se questionam a respeito das mesmas coisas:

- Por que, mesmo me achando supermoderna com esse comportamento, não consigo me sentir bem comigo mesma?

Em alguns casos, fala-se de uma espécie de infância roubada, pois, desde muito cedo, elas adotam atitudes relacionadas ao mundo adulto. "Perdem" a infância como alguém que deixa de assistir a três episódios de uma série

Amar e ser amado

e fica sem elementos para entender a trama e aproveitar a história.

Não faz muito tempo, os meios de comunicação noticiaram a trágica história de uma menina de doze anos que faleceu por coma alcóolico após participar, com seus amigos, de uma festa em que se consumiu muita bebida. Os mesmos amigos que, quando ela desmaiou, em vez de chamarem o serviço de emergência, levaram-na até o posto de saúde mais próximo em um carrinho de supermercado. Ao chegarem, já era tarde demais para salvá-la.

Não são poucos os negócios altamente lucrativos que atentam contra a saúde e a vida dos jovens. Veja-se, por exemplo, a pressão da sociedade para praticar sexo nessa idade. Investem-se somas astronômicas em pornografia, em moda sensual, ou supostamente sensual, e em publicidade para promover essa mesma moda em anúncios de revistas, televisão, redes sociais... Há muito dinheiro em jogo.

O poder do estímulo visual para o homem: conhecer-se para controlar-se

Todos os anos, homens gastam milhões de dólares para ver mulheres sem roupa — em comparação com o que elas gastam para vê-los. Por quê?

Muitos casais terminam o relacionamento em razão da quantidade de horas que o homem passa vendo pornografia na *internet*. Para ela, é uma situação desconcertante. Por que isso acontece com os homens, mas o contrário não?

ROUBARAM MINHA INFÂNCIA?

Por que existem tantos lugares para ver mulheres fazendo *topless*, em comparação com os lugares para ver homens nus ou exibindo o tórax? O estímulo visual exerce um grande poder sobre o homem como gatilho sexual, muito mais do que sobre a mulher. É claro que elas acham os homens atraentes, mas a relação entre estímulo visual e excitação sexual não é a mesma entre os sexos. De certa forma, o homem — muito mais do que a mulher — está programado pela natureza para responder sexualmente aos estímulos visuais.

Ao criarem suas campanhas, as agências de publicidade sabem disso muito bem. Em quase qualquer coisa que um homem possa comprar há uma mulher com pouca roupa. Por isso, o homem, especialmente com a chegada do verão, assiste à multiplicação dos estímulos sexuais visuais ao seu redor, que aparecem em todos os lugares, não importa para onde olhe: na rua, na televisão, no metrô... Isso não o transforma em um "macho predador", desde que ele seja capaz de controlar esses estímulos.

O complexo tema da moda

As mulheres precisam conhecer essa característica masculina peculiar, porque não ocorre com elas, pelo menos não nesse grau. Elas precisam conhecê-la para entender o efeito que sua aparência gera quando usam roupas muito curtas. Uma forma de se vestir considerada óbvia ou razoável na praia se torna chamativa no centro de uma cidade, em um

Amar e ser amado

colégio ou em uma universidade. A falta de conhecimento das mulheres em relação ao corpo masculino e suas reações aos estímulos sexuais visuais é uma das razões por trás desse tipo de moda.

Em minhas aulas, fazemos o seguinte exercício: como um homem reagiria diante de uma jovem vestindo um *shorts* curto e uma camiseta justa sem sutiã? Ele a consideraria mais elegante? Ou mais inteligente, ou mais interessante? Ele pensaria que vale a pena conhecer sua opinião sobre temas atuais ou geopolítica?

Em virtude do enorme poder que os aspectos visuais exercem na fisiologia do homem, para ele é quase impossível não olhar para essa mulher e sentir-se à mercê das reações físicas de seu corpo. Essa é a consequência da testosterona. Não estou afirmando, com isso, que ele não tenha livre-arbítrio para negar essa reação e controlar o que se passa em seu interior: me limito a descrever uma tendência natural altamente "desorganizadora".

Conversei com muitas mulheres jovens sobre esse assunto, e a maioria não sabe que os homens, em muitos desses casos, têm uma ereção. Nem todos a buscam, e nem todos sentem-se confortáveis quando acontece. Também conversei com muitos homens para os quais essa situação é incômoda, porque não sabem se conseguirão manter o autocontrole. As mulheres, por sua vez, querem que os homens se controlem e não se comportem como "machos predadores".

Por isso, é importante que elas tenham consciência do efeito que certos comportamentos e atitudes causam nos

ROUBARAM MINHA INFÂNCIA?

homens, pois, às vezes, eles podem interpretar que a mulher quer estabelecer uma relação de intimidade quando, na realidade, não quer. E aqui começam os problemas: alguns se aproximam de maneira agressiva e as assediam, outros dizem coisas absurdas, outros as olham como fossem um doce numa confeitaria. Consumir, aproveitar, esquecer. Pelo menos é assim que elas interpretam esses olhares, muitas vezes desagradáveis.

Nas palestras nas universidades, onde os alunos são mais maduros do que no ensino fundamental ou médio, as jovens reconhecem que por trás de um comportamento promíscuo existe uma mulher machucada, tentando esconder suas feridas com sexo e álcool. Elas também entendem que entram em uma espiral que, longe de curar as feridas, torna-as ainda mais dolorosas. Já os jovens acreditam que seja também um desejo delas, e que podem agradá-las; e se elas dizem que sequer se divertiram, é melhor não dar ouvidos. "Não dá para entender as mulheres: elas chamam, você vai, e depois não querem que você vá".

Esse tema gera discussões acaloradas em sala de aula. Nenhum dos lados acredita no que ouve. Os garotos estão convencidos de que o desejo sexual feminino é como o deles ("somos seres humanos, não extraterrestres") e defendem que apenas fazem o que as garotas gostam. Eles se surpreendem quando elas dizem que nunca se divertiram de verdade, mesmo tendo começado a vida sexual muito cedo e *fazendo isso há vários anos*.

Ademais, elas não querem *isso* — querem ser amadas, e não usadas.

Amar e ser amado

O que os homens não sabem é que, depois de um tempo, eles se sentirão vazios por terem agido de uma maneira que lhes parecia *natural*; terão hábitos sexuais promíscuos e praticarão muita masturbação, o que dificultará a construção de uma relação estável com uma mulher e a formação de uma família.[1]

Os hábitos podem fazer as pessoas felizes, ou podem prejudicá-las.

---

1   C. Chiclana, *Atrapados en el sexo*. Madrid: Almuzara, 2013.

4

POR QUE AS GAROTAS COMEÇAM TÃO CEDO?

Por que as garotas costumam iniciar a vida sexual com relações rápidas, em geral nunca satisfatórias, às vezes com desconhecidos e de maneira quase anônima?

Quais são os motivos para que elas se entreguem a alguém que nunca viram antes, em um horário estranho, um lugar esquisito e quase público?

A amiga de uma aluna conheceu um garoto em uma festa. De madrugada, ele propôs que fossem para a casa dele para fazerem sexo. Ela aceitou. O apartamento era nojento, sujo e com rachaduras nas paredes, e ali moravam vários estudantes. Ao chegar, no caminho para o quarto, os dois passaram por uma sala onde havia pessoas em diferentes estados de consciência. No quarto o ambiente era caótico: a cama estava desarrumada, havia várias cuecas sujas espalhadas pelo chão, entre livros e anotações...

A razão pela qual a garota permaneceu com o dono daquelas cuecas naquela noite, em vez de sair correndo, é um sintoma do que acontece nos dias de hoje.

Nas entrevistas que fiz com adolescentes e alunas, sem garotos por perto, encontrei dois motivos que se repetem em todos os grupos e em todas as idades:

Amar e ser amado

- Porque preciso me sentir amada.
- Por insegurança.

Falta de afeto, insegurança. Alimentamos nossas jovens, damos educação e acesso ao trabalho, as vestimos e protegemos, impedimos que dirijam, consumam álcool ou fumem até certa idade... Temos esse controle, ou ao menos é o que pensamos. Por que então é tão difícil oferecer-lhes afeto e segurança? Não vivemos em um mundo desenvolvido, onde a lei e o cartão de crédito são capazes de resolver tudo?

Há alguma coisa que estamos fazendo de errado?

Por que elas não se sentem amadas? Por que não se sentem seguras?

Será que oferecemos um ambiente de afeto adequado para que eles cresçam saudáveis e felizes, e sintam a segurança do nosso amor incondicional?

O que estão procurando? E, principalmente: o que acabam encontrando?

~

De acordo com Rutllant, "uma das facetas menos desenvolvidas atualmente é a intimidade [...], que envolve conhecer-se, refletir sobre si mesmo, ser dono de si e, portanto, ser capaz de se doar". Isso ocorre porque "vive-se voltado para o exterior e cuida-se muito pouco do interior".[1]

---

1 M. Rutllant, *Cuatro pinceladas sobre la educación de los hijos para lectores que leen poco*. Ed. Dra. Rutllant, 2013.

POR QUE AS GAROTAS COMEÇAM TÃO CEDO?

O resultado é uma vida frívola, com muita aparência e pouca profundidade.

A vaidade, desse modo, ocupa o centro da vida. É o império do exibicionismo. As relações humanas se tornam superficiais e líquidas, e os compromissos se rompem com facilidade. Por que deixamos de lado a intimidade? Por que não nos interessamos mais por ela?

Pensar é difícil; ensinar a pensar é ainda mais. Por trás de um comportamento pouco reflexivo, há uma criança que foi pouco questionada. Quando uma criança diz: "Você é besta", o adulto deveria perguntar: "Por que você falou isso?". E continuar questionando, sem assumir como verdade ou mentira, apenas indagando e fazendo com que ela pense no motivo de haver dito aquilo. Esse exercício de reflexão, relativamente simples de ser feito desde a infância, não é tão comum quanto deveria. Por isso, é essencial incentivar uma atitude de escuta, que ensine as crianças a pensar antes de agir.

No início do capítulo, mencionei duas razões dadas pelas próprias adolescentes para ter uma relação sexual: "Para me sentir amada" e "por insegurança". Agora, acrescentaremos outras respostas surpreendentes e quase sempre tristes, que poderiam até ter nome e sobrenome:

- Para me destacar no grupo por ter sido a que transou com o cara mais gato.
- Para parecer mais velha, mais mulher ou mais madura.
- Para ter o que contar e sentir que sou eu quem manda.
- Porque me disseram que é legal.

Amar e ser amado

- Porque quero alguém que goste de mim.

- Porque sinto atração pelo corpo dele, porque quero sentir prazer, porque ele me pressiona dizendo que é uma prova de amor e assim eu consigo fazer com que ele continue comigo.

- Para descobrir como é e parecer interessante para os outros.

- Porque me sinto sendo útil para alguém.

- Por curiosidade.

- Para me sentir desejada.

- Para receber um pouco de carinho.

- Porque, se sou virgem, serei zoada.

- Por problemas em casa. Para mim essa relação é um refúgio.

- Para me sentir valorizada.

- Por tédio.

- Para melhorar minha autoestima.

- Para que as outras sintam inveja de mim nas festas.

- Porque ninguém conta a verdade sobre como as coisas são.

- Porque dizem que é estranho casar virgem.

- Porque cansei de fazer sempre as mesmas coisas com o meu namorado ou minha namorada e quero ir além.

- Porque já fiz tudo o podia e só falta isso.

- Porque eu estava bêbada.

- Para contrariar os meus pais.

- Para não ser a esquisita da turma.

POR QUE AS GAROTAS COMEÇAM TÃO CEDO?

Em resumo podemos afirmar que, em muitos casos, três razões se repetem:

1. Insegurança, baixa autoestima e necessidade de aprovação.
2. Falta de afeto e necessidade de se sentir amada de forma incondicional.
3. Fragilidade diante da pressão exercida pelos garotos e pela sociedade, que incentiva o início da vida sexual.

Essas garotas, em muitos casos, vêm de famílias estáveis e têm pais que as amam. No entanto, a adolescência, as dificuldades na relação entre pais e filhos, as cobranças ineficazes e a rebeldia produzem incompreensões e mal--entendidos, dificultando o relacionamento entre eles. Isso gera distância física e afetiva e produz feridas que não cicatrizam.

Quando os pais entendem que "o adolescente precisa de muito mais amor do que merece",[2] que a educação é um processo de acompanhamento até a maturidade, que o afeto físico é ainda mais necessário nessa fase e que não podemos exigir sem oferecer apoio, estamos estabelecendo as bases para que eles se sintam seguros, amados e que respondam melhor ao que lhes pedimos.

---

2   Edelmira Domènech, professora titular de psiquiatria e comunicação pessoal da Universidade Autônoma de Barcelona (comunicação pessoal).

5

O AMOR DEVE SER SENTIDO

C. L. Lewis, autor inglês de *As crônicas de Nárnia* cuja vida foi retratada no filme *Terra das sombras*, tem um livro que adoro e que se tornou um dos meus livros de cabeceira. O título é *Os quatro amores*. Reconheço que tenho uma dívida para com ele, pois quando o li um pensamento que estava escondido em algum lugar da minha consciência se cristalizou. Trata-se da importância do afeto para as relações humanas.

Nosso corpo "é a ponte que nos liga ao mundo".[1] Alto ou baixo, gordo ou magro, jovem ou velho — esse corpo tem sua própria linguagem. Um abraço não é o mesmo que um aperto mão. Um beijo no rosto não é o mesmo que um beijo na boca. Um sorriso não é o mesmo que um gesto rude. O corpo expressa sentimentos de amor ou desdém; se lidarmos bem com essa linguagem, conseguiremos desenvolver a capacidade de fazer felizes os demais. Se não, acontecerá o contrário.

Nas relações humanas, especialmente no seio da família, o amor deve ser sentido. Muitos jovens me dizem que não se sentem amados por seus pais, o que é uma tragédia, porque esses pais os adoram. "Por que há tantas pessoas

---

1 Papa Bento XVI, *El amor se aprende: las etapas de la familia*. Vaticano: Librería Editrice Vaticana; Madrid: Romana, 2012.

Amar e ser amado

que, sabendo que são amadas, não se sentem amadas?".[2] Esse pensamento é muito comum — uma pena.

"O afeto é o amor das pequenas coisas, do cotidiano, da simplicidade [...], é a razão, de nove entre dez casos, da felicidade vigorosa e permanente de nossa vida natural [...], o maior e mais simples de todos os amores [...], um aconchegante estado de bem-estar e uma satisfação em estar juntos";[3] é um dos ingredientes que transforma o lar em "um espaço onde as tensões se reduzem e as pessoas se recuperam".[4]

Isso é tão essencial na vida afetiva do ser humano que às vezes percebemos quanto precisávamos de um abraço apenas quando morre um familiar próximo e todos nos dão os pêsames.

A primeira coisa na qual devemos pensar é com que frequência olhamos nos olhos das pessoas que amamos: o marido, a esposa, os filhos, os pais... Estamos tão presos às telas que nos esquecemos da importância do contato visual e da escuta genuína. Não é incomum entrar em lares onde cada integrante da família está absorto em uma tela diferente. O esforço de deixá-la para olhar nos olhos uns dos outros e escutar ativamente começa a surgir como objeto da terapia.

Em segundo lugar, podemos nos perguntar com que frequência acariciamos, beijamos ou abraçamos nossos

---

2   Tomás Prieto del Estal (comunicação pessoal).

3   C. S. Lewis, *Los cuatro amores*, Rialp, 2000.

4   Tomás Prieto del Estal (comunicação pessoal).

O AMOR DEVE SER SENTIDO

familiares. É verdade que algumas famílias carregam culturalmente um tipo de educação em que isso não é comum e tampouco expressam o quanto se amam. Mas também é verdade que o afeto "dá cor" a outros amores e que, sem ele, os demais — incluindo o *eros* — não têm graça. Evidentemente, as relações familiares são muito mais gratificantes se envolvidas "com o tecido acolhedor do afeto".[5] Por isso, é importante dar um beijo em sua esposa ou em seu marido quando você chega em casa. Por isso, é importante que as crianças deem um beijo nos pais quando voltam da escola e antes de dormir. Por isso, é importante que os pais abracem suas filhas. Há estudos que mostram que quanto mais um pai abraça sua filha e mais próximo está dela, mais confiante ela cresce e mais tarde inicia sua vida sexual, pois ela não precisará buscar desesperadamente lá fora o afeto que lhe faltou em casa.

É muito interessante observar como, em geral, a proximidade com o pai ajuda a filha a fazer uma boa escolha do homem com o qual compartilhará a vida. Por outro lado, uma relação distante ou problemática com o pai causa justamente o oposto.

Com os garotos acontece algo semelhante. Conheci muitos que começaram a sair com alguém porque precisavam de carinho, porque a mãe não lhes dava um beijo quando chegavam a casa ou antes de dormir, porque sentiam muita falta de alguém que lhes dissesse que os amava.

---

5   Ibid.

Amar e ser amado

Deveríamos perguntar às pessoas que vivem conosco se elas se sentem amadas e se percebem nosso afeto, inclusive fisicamente. Se sentem-se profundamente amadas. Se sentem que as amaremos para sempre, sem que nada neste mundo nos possa separar delas. Se elas não sentem algo assim, estamos errando em alguma coisa.

Às vezes basta acariciar o braço ou o ombro de alguém para que essa pessoa se sinta reconfortada, em especial quando ela teve um dia ruim.

Não poderíamos conceber uma mãe que não abrace ou beije o seu bebê; seria estranho, antinatural. E, no entanto, "as diferentes formas de ternura são todas ternura, e a linguagem da primeira ternura que conhecemos sempre revive para expressar de modo adequado essa nova manifestação".[6]

Durante a adolescência, o afeto é o vínculo que une os filhos aos pais. Sem afeto, a comunicação com um adolescente se torna muito complicada. É verdade que existem dias terríveis durante a convivência familiar, e nesses dias é difícil abraçá-los ou beijá-los. Entretanto, também é verdade que existem dias maravilhosos, em que eles fazem coisas típicas da idade — como atitudes heroicas quase sempre ligadas à amizade ou ao amor. Nesses momentos, os pais devem estar presentes para reforçar tais comportamentos, para abraçá-los e dizer-lhes que, não importa o que façam, eles sempre serão amados.

---

6   Ibid.

6

VOCÊS REALMENTE QUEREM FAZER ISSO?

(Para as mulheres)

Em certa ocasião, um estudante do último ano do ensino médio me perguntou o que deveria fazer quando, durante uma festa com muita bebida, uma garota com saia curta e decote sentasse em seu colo, provocando uma reação física a qual não tinha certeza se conseguiria controlar. Respondi que ele poderia tirar proveito da situação (usar e jogar fora) ou se comportar como um cavalheiro, procurar outra amiga na festa e, sem que a garota se sentisse humilhada, pedir-lhe que cuidasse dela, pois ele não se sentia bem.

Qualquer mulher do mundo gosta de ser tratada com cavalheirismo e generosidade quando bebeu mais do que deveria. A primeira alternativa (usar e jogar fora) a levará ao arrependimento quando acordar no dia seguinte e se lembrar, em meio aos efeitos nebulosos da ressaca, do episódio constrangedor.

Entre as mulheres jovens e as adolescentes com as quais conversei, é recorrente uma condição dolorosa e difícil de tratar relacionada ao início precoce da vida sexual. Algumas relatam sentir dor durante as relações, causada por contrações nos músculos do assoalho pélvico. Em virtude

Amar e ser amado

da tensão, do nervosismo ou do medo do desconhecido, algumas das que iniciaram a vida sexual na adolescência e sentiram essa dor não conseguem remediá-la na vida adulta. Além disso, como resultado, não têm orgasmos, e as relações se tornam cada vez mais dolorosas e desagradáveis, gerando uma patologia sexual disfuncional. Às vezes, elas esperam muitos anos até conseguir falar desse assunto com alguém. E se, nesse momento, contarem à pessoa errada, as coisas se complicam ainda mais.

Neste ponto, a solução é procurar a melhor fisioterapeuta especializada em assoalho pélvico e iniciar um tratamento, com a esperança de que funcione. Mais uma vez, a bela sexualidade humana se torna fonte de dor e sofrimento. Entretanto, ela pode voltar a ser bela, porque tudo no ser humano tem uma enorme capacidade de regeneração, mas é preciso se recompor, começar de novo, pedir ajuda.

7

A QUÍMICA DO SEXO

Quando conhecemos uma pessoa e nos apaixonamos, o primeiro sentimento que experimentamos é a atração física. Em seguida, passa-se para um comprometimento afetivo, ou seja, uma sensação de "estamos bem juntos". Nessa etapa, é fundamental dar início a um processo de conhecimento mútuo. As relações humanas são complexas e, no processo de descobrir como é o outro, se dermos passos em falso e nos enganarmos, podemos colocar nossa felicidade em risco.

A primeira ideia interessante é que o amor e a paixão não são a mesma coisa. A paixão é involuntária; o amor, um ato de vontade.

Com a paixão, temos reações físicas: rubor, taquicardia... Portanto, é um sentimento que reside no corpo. O amor, por sua vez, é uma atitude em relação à outra pessoa e envolve querer o bem do outro, sem reservas. O amor se aloja na parte mais espiritual do ser humano.

Amar alguém implica tomar uma decisão. A paixão, não.

Talvez possamos afirmar que em tudo isso existe o condão de uma varinha mágica. Essa varinha é a vontade, a decisão de transformar em amor o que a paixão propõe.

Amar e ser amado

A partir desse momento, quando decidimos amar, se o amor é verdadeiro, a única coisa que importa é o bem do outro. Do contrário, não é amor; pode ser desejo, paixão ou encantamento por alguém, mas não amor.

Começa então o trabalho de conhecer o outro. E, para isso, é preciso falar.

Certa vez, durante uma aula, uma aluna me contou que vivia há dois anos com um garoto e estava pensando em deixá-lo, porque ele não era o homem da sua vida. Eu lhe perguntei se havia conversado com ele, e ela me respondeu: "É que ele não é muito de falar".

Se não conversamos, não conhecemos o outro. O conhecimento vem de saber o que a outra pessoa pensa e sente: "Amar é confiar as paredes de seu próprio coração a outro morador".[1] Desse modo, com a conversa, podemos analisar se aquela é a pessoa certa ou não. É uma análise imprescindível. Apaixonar-se não é o bastante. O mundo

---

[1] K. Wojtyla, "El taller del orfebre", em C. A. Anderson; J. Granados, *Llamados al amor*. Burgos: Monte Carmelo, 2011.

está cheio de pessoas que se apaixonam e fracassam em seus relacionamentos. Por quê? Por muitas razões, mas uma razão essencial é a ausência dessa análise.

Precisamos saber se temos afinidades vitais e culturais, se nossas visões de mundo são, pelo menos, parecidas, se compartilhamos crenças, religião etc. Todas essas coisas tornam a vida em comum muito mais fácil. "A semelhança de almas é causa de amor; a diferença, de desunião".[2] "Ser parecido com alguém é coincidir em alguns dos traços mais profundos de seu modo de ser".[3]

No fundo, trata-se de saber se podemos ou não ser melhores amigos um do outro. Daí, a famosa frase de Paul Géraldy no livro *Você e eu*, dirigida à sua amada: "Se você fosse homem, seria meu amigo?".[4]

Portanto, é preciso tempo para conhecer a outra pessoa, para saber como ela é, quais são suas ideias, seus costumes, sua cultura, se as personalidades são compatíveis e se podemos ter um projeto de vida em comum.

O processo de conhecer o outro demanda tempo, porque deve amadurecer como amadurecem as relações de amizade, que requerem uma aproximação progressiva até alcançar a confiança absoluta. Isso é maravilhosamente descrito em *O pequeno príncipe*,[5] de Saint-Exupéry. Em determinado momento, o pequeno príncipe e a raposa

---

2   R. Montalat, *Los novios*: el arte de conocer al otro. Madrid: Palabra, 2014.

3   Ibid.

4   P. Geraldy, *Tú y yo*, apud R. Montalat, *Los novios: el arte de conocer al otro*. Madrid: Palabra, 2014.

5   A. Saint-Exúpery, *El Principito*. Salamandra, 2001.

Amar e ser amado

conversam sobre a amizade, e ela lhe explica que a amizade consiste em criar laços. No começo, quando conhecemos alguém, devemos manter certa distância para que sejamos observados. Pouco a pouco, permitir a aproximação, até que a pessoa conquiste a nossa confiança e possa sentar-se ao nosso lado.

Com o amor, ocorre algo semelhante. As relações sexuais muitas vezes interrompem esse processo de conhecimento do outro. Quando acontecem, o relacionamento entra em uma dinâmica diferente, na qual o tempo juntos gira em torno do sexo. Conhecer o outro já não é mais a prioridade, aproximar-se de sua personalidade para compreender quem ele é já não importa tanto. Isso deixa de ser interessante, pois a sexualidade passa para o primeiro plano e ocupa boa parte desse relacionamento.

Quando começamos a conhecer alguém genuinamente, criamos laços. Esses laços podem ser físicos ou verbais, dependendo se temos relações sexuais ou não. Se estamos saindo com alguém, nos damos as mãos, nos beijamos e, principalmente, conversamos, estamos criando laços verbais. A conexão que se forma entre ambos, por assim dizer, não é tão forte. Portanto, se descobrirmos que essa pessoa não é a adequada para nós, precisamos de energia e força para romper essa relação, mas não em excesso. A marca deixada pela ruptura existe, mas não é tão traumática, e conseguimos nos recuperar mais rápido.

No entanto, se houve relações sexuais, os laços são físicos, e a força que precisamos para rompê-los é muito maior. Se conseguimos, a ferida que foi aberta levará mais

A QUÍMICA DO SEXO

tempo para cicatrizar. Alguns autores apontam que nesses casos se desenvolve um trauma, que pode dar origem à depressão em mulheres e a transtornos de dependência em homens,[6] pois são ativadas áreas do cérebro que influenciam essas doenças; em alguns casos, elas estão associadas a casos de homicídio e suicídio.[7] Quando explico isso em sala de aula, muitos alunos concordam comigo com base em suas próprias experiências.

Há uma razão biológica que explica em parte esse processo. Durante as relações sexuais, é liberado um hormônio que tem ganhado destaque nas pesquisas desenvolvidas nos últimos anos: a ocitocina. Também conhecida como o "hormônio da confiança" ou do "amor",[8] sua liberação gera sentimentos de conexão com a outra pessoa. Por isso, é liberada justamente em momentos nos quais é necessário criar laços significativos. Por exemplo, no parto, para fortalecer o vínculo entre mãe e filho, na amamentação, ou durante as relações sexuais.

A ocitocina é produzida no hipotálamo, armazenada na glândula pituitária e liberada no sangue especialmente

---

6   A. De Boer, E. M. Van Buel, G. J. Ter Horst, "Love is more than just a kiss: a neurobiological perspective on love and affection", em *Neuroscience*, 2012, vol. 201, pp. 114–124. Disponível em: https://doi.org/10.1016/j.neuroscience.2011.11.017. Acesso em: 28 nov. 2024.

7   H. E. Fisher et al., "Reward, addiction, and emotion regulation systems associated with rejection in love", em *Journal of Neurophysiology*, vol. 204, nº 1, pp. 51–60. Disponível em: https://doi.org/10.1152/jn.00784.2009. Acesso em 28 de novembro de 2024.

8   S. Kéri, I. Kiss, "Oxytocin response in a trust game and habituation of arousal", em *Physiology & behavior*, 2011, vol. 202, nº 2, pp. 221–224. Disponível em: https://doi.org/10.1016/j.physbeh.2010.11.011. Acesso em 2 de dezembro de 2024.

Amar e ser amado

durante o orgasmo em ambos os sexos, assim como durante o parto e a amamentação nas mulheres, promovendo a criação de laços fortes e difíceis de serem quebrados. Ela também é liberada em determinadas regiões do cérebro, pois atua como neurotransmissor nas áreas que regulam o comportamento emocional, social e cognitivo.[9]

Alguns estudos[10] apontam para o bem-estar que os relacionamentos conjugais produzem quando se prolongam no tempo. A estabilidade conjugal, portanto, faz bem para a saúde. Nesses casos, estudos descobriram uma redução nos níveis de cortisol e do hormônio do estresse e um aumento na oxitocina, responsável pela sensação de segurança, especialmente nas mulheres. Isso pode explicar parcialmente a relação entre saúde e relacionamentos de longo prazo, assim como por que alguns casamentos se desfazem em razão da ausência ou da quase ausência de sexo, já que o sexo une as pessoas. Um casamento sem relações sexuais é o que Stenberg chama de "amor vazio".[11]

A essa altura, a maioria dos meus alunos reconhece que, sim, essas ideias lhes soam familiar. E, acima de tudo, ressoam em seus corações como algo verdadeiro. Dizem,

---

9   L. Stárka, "Endocrine factors of pair bonding", em *Prague Medical Report*, 2007, vol. CVIII, nº 4, pp. 297–305. Disponível em: https://orl.lf1.cuni.cz/Data/files/PragueMedicalReport/2007_4/pmr_04-2007_starka-otistena.pdf. Acesso em 2 de dezembro de 2024.

10 T. Esch, G. B. Stefano, "Love promotes health", em *Neuro Endocrinology Letters*, 2005, vol. XXVI, nº 3, pp. 264–267. Disponível em: https://www.nel.edu/userfiles/articlesnew/NEL260305A13.pdf. Acesso em 2 de dezembro de 2024.

11 R. J. Sternberg, "A triangular theory of love", em *Psychological Review*, 2007, vol. XCIII, nº 2, pp. 119–135. Disponível em: https://doi.org/10.1037/0033-295X.93.2.119. Acesso em 2 de dezembro de 2024.

A QUÍMICA DO SEXO

entretanto, que é impossível concretizá-las, pois neste planeta ninguém o faz.

Ninguém reserva parte de seu tempo para conhecer o outro e, mais importante, ninguém abre mão do sexo de imediato, porque parece desnecessário e difícil. Proponho-lhes então que, no próximo relacionamento, tentem algo diferente: que priorizem conhecer melhor a outra pessoa e renunciem ao sexo logo de início. Vamos ver o que acontece.

Alguns de meus alunos — especialmente as alunas —, passado certo tempo, me escrevem para dizer que a experiência foi positiva, que conheceram melhor os "outros", que terminaram com mais facilidade com aqueles que "não eram as pessoas certas" e que, quando outro relacionamento "engrenou", deu certo porque haviam se conhecido verdadeiramente.

Em resumo: as relações sexuais podem criar um vínculo inesperado, que será mais difícil de ser rompido.

"O sexo bagunça a sua cabeça."

"Você para de pensar direito e, por isso, se perde e acaba escolhendo mal."

"Fica complicado ser objetivo na hora de decidir."

Isso é o que eles me dizem, sobretudo os garotos.

Por outro lado, é importante mencionar quão complicado é o tema de morar com alguém antes do casamento. É verdade que, em alguns casos, dá-se esse passo com o objetivo de permanência, mas também é verdade que estudos recentes[12] apontam que casais que viveram juntos antes do

---

12   J. de Irala, *Te quiero, por eso no quiero: el valor de la espera*. Edição do autor, 2020.

Amar e ser amado

casamento se separam com mais facilidade do que aqueles que não viveram. É muito provável que a explicação para esse fenômeno esteja no que dissemos antes: se você não conhece bem a outra pessoa, porque o sexo é a prioridade e nubla sua visão, as chances de cometer erros aumentam, o que pode levar a uma espiral de términos, que deixarão marcas negativas do ponto de vista psicoafetivo.

Todas essas informações sobre o ser humano estão ao nosso alcance, e o mais surpreendente é que os jovens gostam de ouvi-las porque, mesmo que muitos não concordem, elas vêm de alguém que tenta falar com eles com honestidade, sem ideologias. Costumo dizer em sala de aula que quando algo parece belo e bom, quase sempre é verdadeiro: porque em geral a beleza e a bondade caminham de mãos dadas com a verdade.

O problema é que, para muitos deles, essa é a primeira vez que ouvem algo assim. Não é raro um aluno, durante a aula, questionar: "Espera um pouco... Então, o que me disseram a vida toda era mentira? Ou será que é você quem está mentindo?". Outros dizem: "Na verdade, prefiro que você esteja errada, porque se estiver certa, vou ter que mudar a minha vida...". Muitos pais e educadores têm medo de não saber como explicar essas coisas, mas nunca terão sucesso se não tentarem.

Hoje, já existem livros e artigos mais que suficientes para ajudá-los a se preparar. Só é preciso perder o medo e mergulhar de cabeça. Vale a pena.

8

COMO POSSO TER PEGO ALGO SE USEI CAMISINHA?

Certo dia, em uma palestra sobre sexualidade, levei várias caixas de preservativos. Quando meus alunos perceberam, começaram a prestar ainda mais atenção. Pedi que cada um pegasse uma caixa, abrisse e retirasse o folheto que vinha dentro dela. Elas eram de diferentes marcas e fabricantes, mas em todas, em letras minúsculas, estava escrito a mesma coisa: um texto que ninguém lê — e os fabricantes sabem disso.

> Este preservativo não impede a transmissão de infecções como HIV/AIDS, papilomavírus humano, gonorreia, clamídia [...]. Ele ajuda a reduzir o risco de transmissão em alguns casos, mas não o elimina totalmente.

A reação foi de surpresa, pois ninguém esperava receber essa informação. Ninguém nunca lhes havia dito. Feito isso, recolhi todas as caixas.

Não sou a favor de incutir medo em nada, nem em relação à sexualidade. Acredito que uma vivência sexual baseada no medo a contrair doenças não é saudável. No entanto, sou a favor de dizer a verdade e de fornecer uma educação para a saúde o mais completa possível para que todos saibam que, com ou sem preservativo — já que ele

47

Amar e ser amado

não oferece proteção absoluta —, existe o risco de contrair uma doença que pode ser fatal.

Uma infecção é um fenômeno em que um microrganismo invade o corpo humano; já uma doença é a manifestação patológica dessa infecção. As infecções sexualmente transmissíveis (IST) são aquelas que passam de uma pessoa infectada para outra por meio do contato direto com o corpo ou fluidos corporais infectados. Elas recebem esse nome porque o contágio se dá principalmente pelo contato sexual (oral, anal ou vaginal). Essas infecções podem ser transmitidas:

- Pelo contato íntimo com outra pessoa;
- pelo contato com sangue infectado em transfusões;
- pelo uso de objetos perfurantes não esterilizados (seringas ou agulhas de tatuagem);
- de mãe para filho durante o parto ou a amamentação.

O risco de contágio não se limita a pessoas com uma vida promíscua ou usuários de drogas, mas a qualquer um que tenha contato íntimo — não necessariamente sexual — com alguém infectado. É importante ter consciência de que basta uma única exposição para contagiar-se, embora o risco aumente em pessoas que têm vários parceiros sexuais.

"Hoje em dia, prefere-se falar em 'infecções sexualmente transmissíveis' em vez de 'doenças', porque uma pessoa infectada pode permanecer assintomática por um período — até mesmo por anos. No entanto, durante esse

COMO POSSO TER PEGO ALGO SE USEI CAMISINHA?

tempo, ela pode contagiar outras pessoas, muitas vezes sem saber".[1] Certas infecções sexualmente transmissíveis apresentam sintomas como dor, coceira e secreção com pus nos órgãos genitais, mas há outras que são assintomáticas ou afetam diferentes partes do corpo.

Alguns dados indicam que 400 milhões de pessoas por ano contraem uma IST, o que faz com que essas infecções figurem entre as mais frequentes no mundo. "A OMS estima que mais de oito novos casos de IST são diagnosticados a cada segundo".[2] Um terço desses casos corresponde a jovens entre treze e vinte anos de idade.

Na Espanha, entre 2005 e 2015, o número de casos de sífilis dobrou, e o de gonorreia triplicou.[3]

> Existem algumas infecções bacterianas, como a clamídia ou a sífilis, que, se diagnosticadas a tempo, podem ser tratadas com antibióticos. No entanto, elas geralmente são assintomáticas e podem causar danos graves antes de serem diagnosticadas. Outras, como o HIV/AIDS ou o papilomavírus humano (HPV), são de origem viral e atualmente não têm cura. A medicação pode apenas retardar a progressão da doença.[4]

> As infecções sexualmente transmissíveis têm aumentado consideravelmente e calcula-se que sejam registrados mais de um milhão de novos casos por dia em todo o mundo. Infecções por clamídia, sífilis, gonorreia e tricomoníase produzem, pelo menos, 357 milhões de novos casos por

---

1   J. de Irala, I. Gómara, *Nuestros hijos quieren querer: pautas para una educación afectivo-sexual*. Madrid: Universitas, 2012.

2   Ibid.

3   Dados da Sociedade Espanhola de Doenças Infecciosas e Microbiologia Clínica.

4   Ibid.

Amar e ser amado

ano, ao passo que as infecções genitais causadas pelo vírus do herpes simples ultrapassam 500 milhões. Esses números vêm subindo há vários anos.[5]

As infecções sexualmente transmissíveis continuam sendo um problema de saúde pública de grande importância — afirma a Organização Mundial da Saúde, que calcula que são diagnosticados cerca de 450 milhões de casos por ano no mundo.

Talvez uma das coisas mais difíceis de explicar seja por que, mesmo usando preservativo sempre, ainda estamos expostos ao papilomavírus humano, ao herpes genital, ao HIV etc. Os próprios fabricantes de preservativos trazem essa informação nas embalagens. Por isso, nas recomendações, afirmam que o preservativo diminui o risco, mas não impede o contágio. Esse é um detalhe muito importante, porque muitas vezes o que as autoridades de saúde divulgam é uma falsa sensação de segurança.[6]

Alguns alunos dizem que no exterior dessas embalagens deveria constar uma advertência clara, como nos maços de cigarro. Caso contrário, a pura ignorância pode ocasionar decisões que afetam gravemente a saúde. E mesmo assim os epidemiologistas sabem que não se pode falar abertamente sobre isso — por ser considerado errado.

---

5 Emilio Bouza, chefe do departamento de Microbiologia Clínica e Doenças Infecciosas do Hospital Gregorio Marañón, em *La Razón*. Madrid, 15 de maio 2017.

6 J. de Irala, I. Gómara, op. cit.; Center For Disease Control And Prevention (Division of STD Prevention), *Sexually Transmitted Disease Surveillance 2015*. Atlanta: US Department of Health and Human Services, 2016.

COMO POSSO TER PEGO ALGO SE USEI CAMISINHA?

Outros, porém, comentam que as pessoas não seriam tão maldosas a ponto de transmitir uma infecção como essa de propósito. Mas e se a pessoa não souber que tem uma IST? E se ela acabou de contrair a infecção e os sintomas ainda não se manifestaram? O problema da promiscuidade é que, ao ter relações sexuais com um garoto, a relação não é apenas com ele, mas, do ponto de vista epidemiológico, com todas as garotas com as quais ele teve relações, e com os parceiros dessas outras garotas. A probabilidade de infecção é altíssima. Ao final deste capítulo, apresento um anexo com algumas das infecções sexualmente transmissíveis mais comuns.

Certa vez, dei uma palestra em um país africano, em uma época na qual as pessoas morriam de AIDS em números alarmantes e ninguém sabia o que fazer para deter a doença. Eu era a única europeia no congresso e estava um pouco apreensiva, pois falavam comigo em inglês com sotaque zulu... Na minha mesa-redonda, havia um representante da Uganda e outro da África do Sul. O representante ugandense tomou a palavra e começou a explicar como, em dez anos, eles haviam conseguido reduzir pela metade a taxa de transmissão do HIV. A plateia ficou em silêncio, surpreendida, segurando a respiração. E então ele apresentou o que mais tarde ficou conhecido como o Relatório Uganda.

De 1990 a 2000, o país implementou um plano de ação, que mais tarde foi conhecido como a "estratégia ABC". Esse plano foi reconhecido pela Organização da Nações Unidas

Amar e ser amado

(ONU) como altamente eficaz na redução das infecções sexualmente transmissíveis e da AIDS. Consistia em reunir todas as forças e líderes sociais, políticos e religiosos do país e definir uma estratégia comum, que acabou sendo a seguinte:

- A de "abstinence" [abstinência]. Visava promover uma educação sexual que incentivasse os jovens a adiar a primeira relação sexual pelo maior tempo possível, pelo menos até que fossem capazes de ter um relacionamento estável. Houve palestras nas escolas e incentivo ao empoderamento dos mais jovens (responsabilidade pela própria saúde, incluindo a saúde sexual, mediante a aquisição de conhecimentos e hábitos).
- B de "be faithful" [seja fiel]. Quando alcançamos maturidade suficiente para um relacionamento estável, devemos ser capazes de permanecer fiéis. Com isso, incentivava-se a abstinência até o casamento e, após, a fidelidade conjugal.
- C de "condom" [camisinha]. Se alguém não fosse capaz de seguir as estratégias anteriores, a recomendação era o uso da camisinha.

Essa estratégia resultou na diminuição de 65% do número de pessoas que afirmavam manter relações sexuais esporádicas. E, em meados da década de 1990, 95% dos adultos preferiam ter apenas um ou nenhum parceiro sexual. Isso reduziu a taxa de pessoas infectadas de 15%, em

COMO POSSO TER PEGO ALGO SE USEI CAMISINHA?

1991, para 5%, em 2001 (como uma vacina com eficácia de 70–80%).[7]

Os resultados em Uganda foram espetaculares, porque o modelo se baseava na educação. Além disso, muitas pessoas importantes deixaram de lado todos os seus preconceitos e começaram a salvar vidas. E salvaram muitas.

Os representantes sul-africanos disseram: "Nós incentivamos o uso de preservativos, e em nosso país os casos de AIDS só aumentam. Mas vocês também promovem o uso de preservativos, portanto, não é tão diferente assim". O representante de Uganda pontuou: "Sim, nós recomendamos os preservativos, mas apenas como terceira opção. A diferença não está naqueles que acabam usando, mas naqueles que optaram pelas estratégias A e B".

Dados de um estudo de 2006 conduzido por Gregson e sua equipe sobre HIV/AIDS no Zimbábue apontam uma situação semelhante à de Uganda. Embora o uso de preservativos tenha influenciado o declínio dos casos de HIV, o impacto mais significativo foi no adiamento da idade da primeira relação sexual entre adolescentes, tanto do sexo feminino quanto masculino, além da diminuição do número de parceiros ocasionais ou casuais entre aqueles que já eram sexualmente ativos.[8]

---

7   R. L. Stoneburner, D. Low-Beer, "Population-level HIV declines and behavioral risk avoidance in Uganda", em *Science*. New York, 2004, vol. CCCIV, n° 5671, pp. 714–718. Disponível em: https://doi.org/10.1126/science.1093166. Acesso em 2 de dezembro de 2024.

8   S. Gregson et al., "HIV decline associated with behavior change in eastern Zimbabwe", em *Science*. Nova York, 2006, vol. 311, n° 5761, pp. 664–666. Disponível em: https://doi.org/10.1126/science.1121054. Acesso em 3 de dezembro de 2024.

Amar e ser amado

A novidade mais recente na prevenção da AIDS é a profilaxia pré-exposição (PrEP), que envolve a medicação de pessoas saudáveis em função do risco de exposição à doença. Há um debate acalorado sobre a possibilidade de o sistema de saúde pública financiá-la ou não. Nesse contexto, um dos medicamentos é o Truvada, que diminui em 90% a chance de contrair HIV por via sexual; a taxa de redução do preservativo é de 80%.

Em quais casos o financiamento poderia ser admitido? Em todos ou apenas naqueles em que um dos parceiros já esteja infectado e exista risco imediato de contágio? E quanto às pessoas que adotam comportamentos promíscuos, acreditando que assim estarão mais protegidas, quer se comprometam ou não a usar preservativo? É pouco provável que um transplante de fígado seja realizado em alguém que não se comprometa a parar de beber, ou que um transplante de pulmão seja feito em alguém que não se comprometa a parar de fumar. O bom senso deve prevalecer quando se trata de alocar recursos de saúde, que já são escassos.

Será que é tão difícil que a estratégia ABC, que teve grande êxito na Uganda, foi reconhecida pela ONU e publicada na *Lancet*,[9] seja compreendida e implementada pelos governos?

---

9   D. T. Halperin et al. "The time has come for common ground on preventing sexual transmission of HIV", em *Lancet*. Londres, 2004, vol. 364, nº 9449, pp. 1913–1915. Disponível em: https://doi.org/10.1016/S0140-6736(04)17487-4. Acesso em 3 de novembro de 2024.

COMO POSSO TER PEGO ALGO SE USEI CAMISINHA?

Estaríamos dispostos a dar, conforme alguns sugerem (como a Agência Europeia de Medicamentos), uma medicação a todas as crianças a partir dos doze anos de idade — crianças saudáveis, é claro — conhecendo seus graves efeitos colaterais, apenas por causa do risco de elas entrarem em contato com uma pessoa infectada em razão de seu comportamento promíscuo? Não seria mais sensato explicar-lhes os benefícios para a saúde física e psicológica da sexualidade responsável e amorosa?

Podemos perguntar o que pensam em Uganda ou no Zimbábue a respeito de suas próprias experiências. O problema é sempre a educação. Investir nela é muito mais trabalhoso do que receitar um medicamento; mas é um investimento para o futuro, que requer generosidade e visão a longo prazo.

INFECÇÕES SEXUALMENTE TRANSMISSÍVEIS (IST)
MAIS FREQUENTES

Sífilis

- Infecção causada por uma bactéria anaeróbica chamada *Treponema pallidum*.
- Transmitida por via sexual ou placentária.
- O período de incubação é de três semanas.
- O primeiro sinal clínico é uma úlcera indolor no pênis (homens) e inflamação dos gânglios linfáticos na região da virilha.

Amar e ser amado

- Nas mulheres, a úlcera pode aparecer no colo do útero e passar despercebida.

- Erupções cutâneas.

- Em fases avançadas, pode levar a hepatite, problemas neurológicos e demência.

- Pode ser transmitida ao feto.

- Antes fatal, hoje é tratada com antibióticos, embora o diagnóstico precoce seja importante. O preservativo pode reduzir a transmissão, mas somente se cobrir as lesões.

Gonorreia

- Infecção causada pela bactéria *Neisseria gonor-rhoeae*, que afeta as mucosas genitais, orofaríngeas ou retais.

- Nos homens: infecção da uretra, com secreção purulenta e desconforto ao urinar. Em 10% dos casos são assintomáticos.

- Nas mulheres: 80% são assintomáticas. Em 20% dos casos, apresentam inflamação do colo do útero. Cistite, doença inflamatória pélvica, abscessos tubo-ovarianos, infertilidade, dor pélvica crônica.

- Possibilidade de mães infectadas que não receberam tratamento contagiarem seus filhos durante o parto, o que pode levar à cegueira.

- Risco de conjuntivite ocular causada pelo contato direto das mãos com os olhos.

COMO POSSO TER PEGO ALGO SE USEI CAMISINHA?

- Se a infecção passar para a corrente sanguínea, pode resultar em artrite, meningite, inflamação cardíaca ou morte.
- Responde a tratamento com antibióticos.

Herpes genital

- Vírus do herpes simples (VHS-1, VHS-2)
- 21,9% dos norte-americanos com mais de doze anos de idade apresentaram resultado positivo nos exames de anticorpos para essa doença.
- Geralmente é assintomática.
- Nas mulheres: cistite, inflamação do colo do útero e vulvite, além de úlceras genitais dolorosas.
- Nos homens: infecção da uretra e úlceras genitais dolorosas.
- Durante o parto, pode ser transmitida à criança, causando cegueira, surdez e até mesmo a morte.
- Os tratamentos antivirais são usados para reduzir as lesões e os sintomas, mas não eliminam o vírus.
- O preservativo pode reduzir a transmissão, mas somente se cobrir as lesões.

Papilomavírus humano (HPV)

- Verrugas genitais. Condilomas acuminados.
- Pode estar presente na região genital, bucal e respiratória.

Amar e ser amado

- A área infectada pode parecer completamente normal (infecção latente).
- É a IST de maior prevalência mundial (Erickson, 2012).
- Nas mulheres: verrugas genitais, inclusive dentro da vagina. Em casos avançados sem tratamento, pode causar câncer de colo do útero, do qual é o agente causal.
- Nos homens: verrugas genitais. Em casos avançados sem tratamento, pode causar câncer de pênis.
- O tratamento envolve a remoção das verrugas por cauterização e o uso de antivirais; porém, não é possível eliminar o vírus. Existem vacinas para quatro dos mais de trinta tipos de HPV transmitidos sexualmente.
- Em alguns casos, o vírus desaparece de forma espontânea.
- Mesmo com o uso de preservativos, há 38% de chance de contágio, pois a transmissão ocorre por contato direto pele com pele na região genital.

Clamídia

- Infecção causada pela bactéria *Chlamydia trachomatis*.
- Em geral, a infecção é assintomática, mesmo estando presente. Isso permite que a doença seja transmitida a outras pessoas sem que o infectado saiba,

COMO POSSO TER PEGO ALGO SE USEI CAMISINHA?

contribuindo para uma das maiores prevalências globais.

• Nas mulheres: doença inflamatória pélvica (infertilidade, dor pélvica crônica), cistite, gravidez ectópica (fora do útero, nas trompas), infecção na uretra, úlceras genitais.

• Nos homens: infecção na uretra, dor e inchaço na próstata, epididimite e infertilidade, além de úlceras genitais.

• Tratamento: responde bem a antibióticos. Sem tratamento, pode causar úlceras na região pélvica e cegueira endêmica.

Hepatite B

O agente causador é o vírus da hepatite B. Muitas vezes, a infecção não apresenta sintomas, ou os sintomas são semelhantes aos de uma gripe, como mal-estar geral, náuseas, febre e vômitos. Em casos graves, pode evoluir para cirrose e câncer hepático. Em pacientes crônicos, o tratamento é realizado com antivirais e vacinação antes da exposição ao vírus.

AIDS

É a sigla para síndrome da imunodeficiência adquirida, uma das infecções sexualmente transmissíveis mais graves da história da humanidade. Já causou a morte de 30 milhões de pessoas e atualmente afeta

Amar e ser amado

outros 33 milhões. Sua incidência aumenta a um ritmo de 2,6 milhões por ano, segundo a Conferência Internacional sobre a AIDS. Nesse contexto, o Programa Conjunto das Nações Unidas sobre HIV/AIDS (UNAIDS) teme uma nova explosão da epidemia.

O HIV, ou vírus da imunodeficiência humana, é o agente causador, destruindo as células do sistema imunológico. Como consequência, a pessoa infectada desenvolve diversas doenças em razão da baixa imunidade. Talvez o mais interessante, embora desconhecido, seja o fato de o preservativo reduzir em 80% a probabilidade de infecção pelo HIV, mas não eliminar o risco. Já os antirretrovirais, até o momento, não curam a doença: eles prolongam a sobrevida das pessoas infectadas, mas não lhes proporcionam boa qualidade de vida, em função da doença em si e dos efeitos colaterais dos medicamentos.

9

O QUE ACONTECE COMIGO QUANDO TOMO PÍLULA?

Há algum tempo, têm sido frequentes os artigos científicos e de divulgação que questionam a pílula anticoncepcional. Isso ocorre, por um lado, porque começam a surgir pesquisas que a relacionam com efeitos secundários, como envelhecimento, ansiedade, depressão e tentativas de suicídio. Por outro lado, porque o mundo está evoluindo na direção do natural, do conhecimento do corpo, da vida saudável e da boa alimentação.

Nesse contexto, tomar hormônios durante quinze ou vinte anos seguidos e defender que não nos causarão nenhum efeito colateral é simplesmente ridículo. A opinião pública levou muito tempo para assumir a realidade científica, graças à quantidade de interesses econômicos em jogo.

Uma das razões mencionadas pelas mulheres que deixaram de tomar a pílula é uma certa reivindicação feminista, que questiona por que a mulher deve estar sempre à disposição do homem para sua satisfação sexual, às custas da própria saúde.

Esse argumento tem sido repetido várias vezes em diversos fóruns, e é interessante, pois, com efeito, o

Amar e ser amado

homem é fértil o tempo todo; já a mulher, apenas alguns dias de cada ciclo. Assim, evitar relações sexuais nesse período seria mais saudável do que tomar hormônios durante todo o mês. Além disso, há uma pressão real exercida pelo homem para ter relações sexuais sempre que deseja.

Quando alguém rebate esse argumento afirmando que a mulher também quer, ignora que um dos efeitos colaterais mais comuns da medicação hormonal é a redução da libido feminina. Por isso, começaram a proliferar produtos como géis e *sprays*, geralmente à base de testosterona, para aumentar a libido reduzida pelo uso da pílula.

Sinceramente, será que nós, mulheres, queremos isso? Que nos façam tomar hormônios para uma coisa e depois para o oposto? Modificar o ciclo com hormônios sintéticos não é apenas apertar um botão para ligar e desligar a ovulação; é muito mais complexo. Os estrogênios e a progesterona têm receptores em várias partes do corpo, por exemplo, no cérebro. Eles influenciam o crescimento, a regulação da temperatura corporal, o tecido mamário, os ossos etc. Por isso, quando os hormônios naturais são substituídos pelos sintéticos, podem surgir problemas não apenas no sistema reprodutor, mas também em outras áreas do organismo.

Além disso, estudos chamam a atenção para outros problemas, como o do envelhecimento do sistema reprodutivo, em particular do colo do útero e dos ovários. Esses dados explicam por que tantas mulheres que usaram

O QUE ACONTECE COMIGO QUANDO TOMO PÍLULA?

a pílula por muitos anos enfrentam dificuldades para engravidar, recorrendo com frequência à reprodução assistida.[1]

Há outros fatores ligados ao uso da pílula e o desenvolvimento de doenças. Estudos recentes[2] a relacionam ao aumento de 20% nos casos de câncer de mama[3] ou de doenças cardiovasculares.[4]

Mais recentes e inovadores, por pertencerem a uma linha de pesquisa diferente, são os estudos que associam essa medicação a problemas de saúde mental das mulheres. Em 2016, um estudo dinamarquês identificou uma relação entre o uso da pílula e o aumento de ansiedade e depressão.[5] De acordo com outro artigo publicado em 2017, mulheres que tomam pílula apresentam até três

---

1   K. Birch Petersen et al., "Ovarian reserve assessment in users of oral contraception seeking fertility advice on their reproductive lifespan", em *Human reproduction*. Oxford, 2015, vol. 30, nº 10, pp. 2364–2375. Disponível em: https://doi.org/10.1093/humrep/dev197. Acesso em 3 de dezembro de 2024.

2   D. J. Hunter, "Oral contraceptives and the small increased risk of breast câncer", em *The New England Journal of Medicine*, 2017, vol. 377, nº 23, pp. 2276–2277. Disponível em: https://doi.org/10.1056/NEJMe1709636. Acesso em 3 de dezembro de 2024.

3   L. S. Mørch et al., "Contemporary hormonal contraception and the risk of breast câncer", em *The New England Journal of Medicine*, 2017, vol. 377, nº 23, pp. 2228–2239. Disponível em: https://doi.org/10.1056/NEJMoa1700732. Acesso em 3 de dezembro de 2024.

4   R. E. Roach et al., "Combined oral contraceptives: the risk of myocardial infarction and ischemic stroke", em *The Cochrane database of systematic reviews*, 2015, vol. 2015, nº 8, CD011054. Disponível em: https://doi.org/10.1002/14651858.CD011054.pub2. Acesso em 3 de dezembro de 2024.

5   C. W. Skovlund et al., "Association of hormonal contraception with depression", em *JAMA Psychiatry*, vol. 73, nº 11, pp. 1154–1162. Disponível em: https://doi.org/10.1001/jamapsychiatry.2016.2387. Acesso em 3 de dezembro de 2024.

Amar e ser amado

vezes mais risco de suicídio do que aquelas que não tomam.[6]

A ovulação como sinal de saúde

Estudos recentes[7] indicam que o primeiro sinal de que a saúde da mulher não vai bem é a presença de ciclos irregulares. Esses ciclos não acontecem por acaso; há uma *causa* por trás disso. Se não a investigarmos e apenas escondermos o problema com o uso da pílula, estamos mascarando uma possível doença que pode se manifestar de forma grave mais adiante.

Ovular é um sinal de saúde, pois indica boa função endócrina e gonadal. Se os ciclos irregulares não são consequência da puberdade, da adolescência, da amamentação ou da perimenopausa, eles podem ser causados por fatores como estilo de vida, estresse, questões endócrinas, doenças autoimunes, fatores genéticos ou efeitos de tratamentos médicos.

Alguns ciclos regulares também podem ser enganosos, pois podem ocorrer sem ovulação, o que indica um problema. O importante não é ter uma menstruação regular, mas uma ovulação regular. Se uma mulher tiver três ou mais

---

6 Id., "Association of hormonal contraception with suicide attempts and suicides", em *The American Journal of Psychiatry*, 2018, vol. 175, nº 4, pp. 336–342. Disponível em: https://doi.org/10.1176/appi.ajp.2017.17060616. Acesso em 3 de dezembro de 2024.

7 P. Vigil et al., "Ovulation, a sign of health", em *The Linacre Quarterly*, 2017, vol. 84, nº 4, pp. 343–355. Disponível em: https://doi.org/10.1080/00243639. 2017.1394053. Acesso em 3 de dezembro de 2024.

O QUE ACONTECE COMIGO QUANDO TOMO PÍLULA?

ciclos irregulares em um ano, ou dois ciclos irregulares consecutivos, ela deve procurar um especialista para fazer um perfil hormonal.

Desse modo, a primeira coisa a saber é se a mulher tem ciclos regulares e está ovulando. Caso contrário, deve-se investigar a origem dessa desordem e tratá-la na medida do possível. Esse processo exige tempo e esforço por parte de ginecologistas e endocrinologistas, mas é a única forma de restaurar sua saúde, que pode estar começando a se deteriorar.

As causas mais comuns de irregularidades menstruais associadas à disfunção ovariana são os distúrbios hormonais, que podem ter origem no hipotálamo, na glândula pituitária, na tireoide, nas glândulas suprarrenais, nos ovários ou, ainda, em diversas condições de origem metabólica.

Oogênese

A ovulação é um indicador da saúde da mulher. No início da vida reprodutiva, a mulher tem 500 mil folículos, dos quais aproximadamente 500 serão liberados ao longo de sua vida reprodutiva. Para compreender esse processo, é necessário responder a uma pergunta importante: o que é a oogênese?

A oogênese é um processo que ocorre ao longo da vida da mulher e tem início na sua concepção. Intrauterinamente, formam-se 7 milhões de folículos primordiais, dos quais, com o nascimento,

Amar e ser amado

restam entre 1 e 2 milhões. O restante desaparece por apoptose.

Fundamentos da ovulação como sinal de saúde

• O ponto principal é que as mulheres são capazes de reconhecer sua ovulação graças ao conhecimento da fertilidade proporcionado pelos modernos métodos de planejamento familiar natural, como Billings ou o sintotérmico.

• Esse reconhecimento permite que elas avaliem a própria saúde, pois conseguem identificar suas ovulações e ciclos regulares.

• Quando uma mulher consegue reconhecer sua ovulação, esse fato indica que tanto a função gonadal quanto a função endócrina estão funcionando corretamente.

• Em quais situações uma mulher saudável não precisa monitorar sua ovulação? Em fases de transição, como a puberdade e a perimenopausa, e em momentos como a gravidez e a amamentação.

Como podemos saber que uma mulher enfrenta um problema de saúde?

• Quando ela observa anormalidades na sua ovulação.

• Quando ela apresenta amenorreia.

O QUE ACONTECE COMIGO QUANDO TOMO PÍLULA?

- Quando ela tem três ciclos irregulares em um ano ou dois ciclos irregulares consecutivos. Nesse caso, é aconselhável fazer um perfil hormonal.

O importante não é ter uma menstruação regular, mas sim uma ovulação regular.

Quais são as causas mais frequentes de irregularidades no ciclo?

- Estilo de vida desorganizado.
- Estresse.
- Transtornos alimentares.
- Problemas endócrinos e ginecológicos.

De acordo com uma série de especialistas,[8] os distúrbios hormonais que causam ciclos irregulares com mais frequência são:

1. *No hipotálamo:* A função hipotalâmica pode ser comprometida por excesso de exercícios, má alimentação, estresse, doenças psiquiátricas, como a anorexia, deficiências nutricionais e aumento do cortisol. Esses fatores podem levar a ciclos hipoestrogênicos, anovulação e amenorreia.

---

8   Ibid.

Amar e ser amado

2. *Hiperprolactinemia*: Esse distúrbio pode ser causado, em alguns casos, por um tumor na glândula pituitária, estresse ou o uso de antidepressivos. O aumento nos níveis de prolactina provoca elevação dos androgênios e queda dos estrogênios. Como consequência, as irregularidades no ciclo incluem fases lúteas curtas, diminuição da libido, dispareunia, alergias e infecções diversas. Além disso, o índice elevado de prolactina está associado a doenças autoimunes, como lúpus, artrite reumatoide e esclerose múltipla.

3. *Hormônio da tireoide*: Alterações nos níveis desse hormônio podem causar hipomenorreia, hipermenorreia, menorragia, polimenorreia, oligomenorreia e amenorreia. Problemas na tireoide estão relacionados à disfunção ovariana.

4. *Síndrome do ovário policístico*: Pode envolver hiperplasia adrenal congênita, insuficiência ovariana precoce, deficiência de vitamina D e redução dos estrogênios.

É verdade que o ovário policístico é um beco sem saída?

Um dos argumentos utilizados para justificar o uso contínuo da pílula é a presença de ciclos irregulares. Isso ocorre,

O QUE ACONTECE COMIGO QUANDO TOMO PÍLULA?

por exemplo, quando uma adolescente recebe o diagnóstico de síndrome dos ovários policísticos e, por isso, não tem outra opção a não ser tomar a pílula pelo resto da vida, já que não haveria outro tratamento. Esse tem sido o caso de muitas alunas ao longo dos meus anos de docência.

A síndrome do ovário policístico (SOP), ou síndrome de Stein-Leventhal, é um distúrbio endócrino de origem genética, definido como uma disfunção ovulatória causada por hiperandrogenismo. Às vezes, está associada à produção excessiva ou à resistência à insulina. Seus sintomas incluem ciclos menstruais irregulares, sangramentos intermenstruais, hirsutismo, acne, pele oleosa e, em alguns casos, obesidade. Também está relacionada a problemas de humor.

Essa alteração ocorre no nível mitocondrial, aumentando as taxas de testosterona. Os folículos que se desenvolvem no ovário dessas mulheres produzem muitos androgênios, que passam para as células da granulosa e se transformam em estradiol. Como consequência, os níveis de estradiol ficam elevados, mas as mulheres, em muitos de seus ciclos, não ovulam, não havendo o pico de hormônio luteinizante (LH).

Ao mesmo tempo, observou-se que uma alta porcentagem dessas mulheres apresenta resistência à insulina (mais de 50%). Entre elas, a resistência é mais severa em 10% dos casos e está associada à obesidade. A partir da pesquisa da Doutora Vigil, surge uma ideia interessante: o que acontece com a mulher que sofre dessa condição? Por que seus ciclos são irregulares? Qual hormônio funciona

Amar e ser amado

mal? E, sobretudo, como é possível restaurar seus ciclos regulares e sua ovulação?

Evidentemente, é muito mais fácil recomendar a pílula anticoncepcional, mas seria a melhor solução? Ou será que, nesses casos, só se sabe recomendar métodos contraceptivos hormonais?

No caso da SOP, o primeiro passo é um diagnóstico preciso, hormonal, no qual se confirmam os níveis alterados de estrogênios, progesterona, globulina de ligação a hormônios sexuais (SHBG), testosterona, insulina e glicose no sangue. Com essas informações, o especialista deve considerar o tipo de tratamento que poderia restaurar a ovulação de forma regular e, com ela, os ciclos. É necessário chegar à raiz do problema — os altos níveis de androgênios — e, a partir daí, prosseguir com o tratamento. Também é importante verificar os níveis adequados de vitamina D e recomendar, além da medicação, dieta saudável e prática de exercícios físicos.

Os anticoncepcionais hormonais pioram a resistência à insulina, porque o pâncreas tem receptores para estrogênios que aumentam a sua produção. Prescrever a pílula para uma mulher com síndrome do ovário policístico pode agravar essa resistência e, provavelmente, provocar diabetes aos cinquenta anos. Com o tratamento adequado,[9] é possível restaurar a regularidade dos ciclos e a ovulação e prevenir a diabetes.

---

9   Ibid.

O QUE ACONTECE COMIGO QUANDO TOMO PÍLULA?

Algo semelhante ocorre no caso de uma mulher com ciclos irregulares causados por hiperprolactinemia. É preciso identificar a origem desse aumento, pois existe a possibilidade de que ele esteja escondendo um tumor hipofisário, cujo diagnóstico e tratamento são muito mais simples quando realizados a tempo. Tratar diretamente com anticoncepcionais orais traz o risco de mascarar um problema que pode se manifestar mais tarde e com um prognóstico pior. No entanto, para isso, é necessário investigar a fundo o problema, o que exige tempo e esforço.

É preciso mais ciência e um interesse genuíno pela paciente. Não é um caminho rápido nem fácil, pois demanda dedicação, mas é o que as mulheres merecem para preservar sua saúde.

A pílula e o cérebro adolescente

Há dois momentos de grande plasticidade cerebral no ser humano: um é na vida intrauterina e até os três anos de idade; o outro é na adolescência. Esta última representa uma oportunidade única para influenciar a formação do cérebro que teremos durante a vida adulta.[10] Por isso, esses anos desempenham um papel essencial no futuro comportamento do ser humano, pois as mudanças cerebrais desse período tornam-se permanentes e afetam o resto da

---

10　Ibid.; "Influence of sex steroid hormones on the adolescent brain and behavior: an update", em *The Linacre Quarterly*, 2016, vol. 83, nº 3, pp. 308–329. Disponível em: https://doi.org/10.1080/00243639.2016.12. Acesso em 5 de dezembro de 2024.

Amar e ser amado

vida. Essas mudanças são, em grande parte, resultado da ação dos hormônios sexuais, produzidos nos ovários e nos testículos (estrogênios, progesterona e testosterona) e também na base do próprio cérebro.

A razão dessa influência é que diversas áreas cerebrais têm receptores para estrogênios, progesterona e testosterona, modulando sua atividade e contribuindo para moldar o cérebro.[11] No caso da adolescente, a liberação cíclica desses hormônios induz mudanças tanto estrutura quanto na função cerebral. Cada ciclo menstrual é literalmente invadido por níveis elevados de estrogênios, seguidos por altos níveis de progesterona provenientes dos ovários.

A função dos hormônios é contribuir para o correto amadurecimento desse cérebro em formação, que está em pleno processo de aquisição de uma estrutura anatômica e funcional madura. Por esse motivo, alterar de forma externa os níveis de estrógenos e o caráter cíclico das mudanças hormonais pode interferir nesse processo de amadurecimento, que consiste em uma reorganização do próprio órgão. Nele, e durante essa incrível janela do tempo, algumas áreas crescem, outras diminuem, outras se reorganizam. Isso afeta a capacidade de estudo, a memória, a leitura etc. Os hormônios secretados em ondas cíclicas modulam o amadurecimento cerebral e intervêm decisivamente em sua estrutura definitiva.

Do mesmo modo, eles intervêm na consolidação das memórias da própria vida, que começam a se formar nesse

---

11   Ibid., 2016.

O QUE ACONTECE COMIGO QUANDO TOMO PÍLULA?

momento. A concentração hormonal influencia o cérebro feminino de tal maneira que, dependendo do momento do ciclo em que a mulher esteja, suas capacidades variam. Por exemplo, nos momentos em que os níveis de estrogênios estão mais altos, há maior fluidez verbal. E, ao contrário, quanto menores os níveis de estrogênios — por exemplo, no final do ciclo — melhor é a orientação espacial, como acontece com os homens.

No caso do homem, a influência da testosterona forma um cérebro distinto, sob uma influência hormonal esteroide diferente.[12] Por exemplo, as conexões entre os hemisférios cerebrais, que são diferentes no homem e na mulher, tornam as mulheres mais empáticas e os homens melhores construtores de sistemas. Esse dismorfismo entre o cérebro masculino e o feminino foi confirmado por técnicas de imagem, corroborando a influência dos hormônios esteroides na formação do cérebro.

A adolescência é uma etapa fundamental para o ser humano por diversos motivos.[13] Ela pode ser definida como um período de adaptação da infância até a idade adulta e envolve mudanças psicológicas, sociais e fisiológicas, incluindo a capacidade de adquirir comportamentos afetivos e sexuais típicos femininos e masculinos. Também se caracteriza pelo egocentrismo e pela aquisição

---

12 N. López Moratalla et al., "Sesgos en la investigación de la píldora postcoital: hormonas femeninas en la maduración del cerebro adolescente", em *Cuadernos de Bioética*. Murcia, 2011, vol. 23, nº 2, pp. 309–324. Disponível em: https://www.redalyc.org/pdf/875/87519895011.pdf. Acesso em 5 de dezembro de 2024.

13 P. Vigil et al., op. cit.

Amar e ser amado

de novas habilidades mentais destinadas a construir um pensamento lógico.[14]

A partir de uma perspectiva anatômico-fisiológica, as técnicas de imagem demonstraram que as zonas do cérebro relacionadas ao comportamento emocional e à produção de sentimentos evidenciam um aumento da atividade durante a adolescência, quando comparadas com a infância ou a vida adulta. Da mesma forma, tende-se a minimizar os comportamentos de risco e potencializar aqueles que proporcionam satisfação imediata.[15] Daí a frequência das decisões irracionais, a impulsividade do comportamento e a ausência de controle das emoções. A causa decorre, em grande parte, do aumento dos níveis de hormônios esteroides sexuais, assim como das mudanças no nível cerebral nessa fase da vida.

Posso ter um cérebro maduro?

Durante a adolescência, o grau de satisfação é mais alto e portanto o adolescente precisa de mais estímulos do que um adulto para alcançar o mesmo prazer. Esse fato o torna candidato ideal para o consumo de drogas, álcool e pornografia. Além de atestar uma grande tentação de buscar recompensas imediatas.[16]

---

14   N. López Moratalla et al., op. cit.

15   P. Vigil et al., op. cit.

16   N. López Moratalla et al., op. cit.

O QUE ACONTECE COMIGO QUANDO TOMO PÍLULA?

Há um consenso crescente entre os especialistas de que uma pessoa alcança a maturidade afetiva quando é capaz de adiar uma satisfação imediata em troca de uma recompensa a longo prazo. Por exemplo, deixar de comer algo que sabemos que nos faz mal para nos sentirmos melhor depois, ou estudar com afinco para uma prova com o objetivo de tirar uma boa nota.

Esses esforços, orientados a um bem maior, mas não imediato, tornam a pessoa protagonista de sua vida, permitindo que ela siga para onde deseja e não para onde tenha vontade. Os fatores externos e internos que alteram o equilíbrio hormonal durante a adolescência interferem nos mecanismos de plasticidade cerebral, impedindo que o cérebro se forme de modo adequado.

Além disso, o cérebro adolescente tem uma atração natural pelo comportamento de risco em razão da imaturidade emocional. Isso faz com que ele valorize mais essa conduta do que o risco que a envolve. Até que o sistema límbico, responsável pelas emoções, não amadureça, tais comportamentos não se estabilizam. Essa imaturidade emocional, junto com a necessidade por recompensas, muitas vezes leva a decisões equivocadas em relação à sexualidade, ao uso de drogas ou ao consumo de álcool, que, por sua vez, prejudicam o processo de amadurecimento do cérebro.[17]

Outra faculdade que pode ser afetada é a memória, que depende de níveis circulantes de estrogênios, provenientes

---

17   Ibid.

Amar e ser amado

do ovário. O hipocampo feminino é a região responsável pela memória e tem muitos receptores para estrogênios. O desenvolvimento do hipocampo nas mulheres ocorre entre quatro e dezoito anos. As memórias afetivas, que têm grande importância para elas, estão diretamente relacionadas aos hormônios sexuais. As mulheres não só se lembram de uma situação, mas também se lembram de como se sentiram nessa situação. Em resumo, o cérebro apresenta grande sensibilidade às mudanças na concentração de hormônios sexuais graças ao seu alto conteúdo de receptores.[18]

Alguns efeitos colaterais dos anticoncepcionais em mulheres adultas incluem depressão, alterações de humor e mudanças na libido (Klaus e Cortés). Sabe-se que esse medicamento afeta negativamente a formação das áreas do cérebro relacionadas à memória. Quando somamos esses efeitos colaterais a outros fatores externos, como o consumo de tabaco, álcool e outras drogas, o processo de organização do cérebro durante a adolescência pode ser prejudicado, resultando em distúrbios comportamentais e psicoafetivos na vida adulta.[19]

As conclusões de diversos estudos indicam que um adolescente, ciente do que está em jogo, terá extremo cuidado durante os anos que formarão o seu cérebro e permitirão o desenvolvimento ideal de todas as suas capacidades. Sabemos que interferem nesse desenvolvimento

---

18 Ibid.
19 P. Vigil et al., op. cit.

O QUE ACONTECE COMIGO QUANDO TOMO PÍLULA?

as drogas, o álcool, vícios como a pornografia e o uso da pílula anticoncepcional. Por outro lado, tanto um trabalho intelectual rigoroso quanto o exercício físico ajudam a melhorar a formação do cérebro. Essa é uma informação vital para que cada adolescente tome suas próprias decisões e siga o caminho que deseja, em vez de ser guiado pelos impulsos ou pelas circunstâncias.

A comunidade científica internacional tem como tema pendente continuar estudando de forma exaustiva os efeitos dos esteroides exógenos, ou seja, a pílula anticoncepcional, no desenvolvimento cerebral das usuárias. Provavelmente, com o conhecimento científico de que dispomos atualmente, esses efeitos desencadeiam um impacto negativo que pode ser permanente na vida adulta.

Há uma responsabilidade ética e da medicina pediátrica nesse sentido. Futuros estudos deverão abordar essa perspectiva, pois o que está em jogo é a saúde física e mental de nossos jovens.

10

SOU VICIADO EM PORNOGRAFIA?

Um dos temas que será objeto de estudo no futuro é a quantidade de horas que esta geração dedica a consumir pornografia na *internet*. É fácil, está a um clique de distância e vicia, mas também consiste em uma atividade que não traz nada de positivo para o ser humano. Pelo contrário: empobrece, pois causa uma dependência que, em muitos casos, é difícil de superar.

A definição clínica de pornografia é: "Qualquer imagem que leva uma pessoa a usar outra para o seu próprio prazer sexual. Está desprovida de amor, intimidade, sentido de relação ou profundidade. Além disso, pode ser altamente viciante".[1]

A palavra-chave é "usar". A pornografia nos leva a usar os outros. Tudo o que se sabe sobre a pessoa que aparece nas imagens é que ela está ali para o prazer e será usada por alguém. A pessoa que "usa" outro ser humano, em vez de amá-lo, está destinada a um comportamento cada vez mais egoísta.

Não sabemos ao certo (os especialistas não chegam a um consenso) se é um vício em sexo ou um vício em

---

1 P. Kleponis, *Pornografía: comprender y afrontar el problema*. Madrid: Voz de Papel, 2018.

Amar e ser amado

internet, mas todos concordam que se trata de um vício. As razões pelas quais isso ocorre foram estudadas em nível cerebral, assim como sua habilidade de aliviar, por um curto período, a dor emocional. Entretanto, quando esse efeito passa, a dor, além de não ter desaparecido, tornou-se mais profunda.[2]

Em certa ocasião, alguns pais me perguntaram a partir de que idade seria apropriado que seus filhos tivessem um telefone celular. Fiquei pensativa, pois não é uma pergunta fácil de se responder; no entanto, disse que dar a um adolescente um celular sem restrições equivale a colocar milhões de revistas e vídeos pornográficos em seu quarto noite após noite, com a confiança de que nosso adolescente é tão comportado, maduro e responsável que não abrirá nem verá nada. De fato, o maior grupo de usuários de pornografia na *internet* são adolescentes entre doze e dezessete anos, e a idade média das crianças que a assistem pela primeira vez é de onze anos.[3] Isso ocorre porque a pornografia é acessível, disponível e anônima.

A *internet* está ali, e a única defesa do ser humano é aprender a usá-la, como tudo na vida. Se você passa muitas horas buscando cibersexo ou conversando anonimamente sobre fantasias eróticas que não teria coragem de dizer às pessoas ao seu redor, é provável que tenha um problema. Em geral, tal comportamento está associado à masturbação, o que acaba se tornando uma dependência; conheci pessoas

---

2   Struthers, 2009, apud ibid.
3   Family Safe Media, 2010, apud ibid.

SOU VICIADO EM PORNOGRAFIA?

que preferem essa prática ao sexo com parceiros reais. O cibersexo é uma indústria que movimenta milhões. A cada segundo, gastam-se 3 mil dólares em pornografia e, no total, esse mercado gera lucros superiores aos das maiores empresas de tecnologia juntas: Microsoft, Google, Amazon, eBay, Yahoo, Netflix e Apple.[4] É um negócio extremamente lucrativo, baseado nos vícios dos seres humanos, como também acontece com as drogas e o álcool.

Uma pessoa viciada é alguém que escolheu passar muito tempo sozinha, sem interagir com outras, sem conversar, sem se comunicar, sem ternura e sem afeto. Muitas vezes, ela constrói uma ideia equivocada sobre o que esperar de uma relação sexual normal e, por isso, seus relacionamentos reais fracassam. Há casos de pessoas que perderam o emprego por isso. É constrangedor imaginar que, depois que você foi embora, alguém precisou limpar o histórico de todo o lixo deixado no registro de atividades do computador.

Outro problema sério é o impacto no sono. As pessoas em situação de dependência dedicam muitas horas da noite a essa atividade e, claro, acabam dormindo durante as aulas ou no trabalho, ou vivem em um ciclo permanente de horários desregulados. Nesse contexto, é interessante a história do ator Terry Crews, que conta em vídeos publicados YouTube como a pornografia destruiu sua vida. Ele estava casado e tinha filhos quando precisou buscar reabilitação para se tratar.

---

4 Ibid.

Amar e ser amado

A pornografia, segundo Crews, muda a forma como enxergamos as pessoas. Sob o olhar da pornografia, os seres humanos se transformam em coisas, em objetos a serem utilizados — ou até mesmo em partes do corpo para usar, em vez de pessoas para amar. Esse vício ameaçou tanto o seu casamento que quase o destruiu, embora, graças a Deus, ele diz ter conseguido evitar a catástrofe a tempo. Desde que tornou pública sua dependência e seu processo de terapia, ele recebeu inúmeras mensagens de pessoas que passam pela mesma situação. De acordo com o ator, um dos grandes problemas é não reconhecer, não compartilhar e não buscar ajuda, em virtude da grande vergonha associada a essa dependência. Ele afirma que toda vez que se consome pornografia, é por um desejo de intimidade, sem perceber que o que a pornografia faz é destruir essa intimidade, inserindo-nos em uma espiral de dependência que afeta nossas relações normais. Nos Estados Unidos, a pornografia é responsável por 56% dos divórcios.[5]

Às vezes, o vício em pornografia surge porque muitas pessoas se sentem sozinhas. Conversei com vários jovens que se sentiam perdidos e que, apesar de irem a inúmeras festas e estarem cercados por outros jovens de sua idade, no fundo de seus corações não tinham ninguém com quem compartilhar seus sentimentos mais profundos, seus anseios de ser felizes e úteis ao mundo. A pornografia torna-se um refúgio do qual não sentem especial orgulho, mas já

---

5 Paul, 2004, apud ibid.

SOU VICIADO EM PORNOGRAFIA?

é alguma coisa. Eles alimentam a ilusão de que estão se comunicando, sendo compreendidos e amados, embora pareça um absurdo quando colocamos por escrito. Esse comportamento, em algumas ocasiões, começa após uma ferida emocional que não sabem como curar.

Os vícios parecem anestesiar essas feridas momentaneamente. No entanto, o resultado final é muito pior. E, por ser tão viciante, torna-se muito difícil deixá-lo. A natureza das feridas emocionais é muito diversa: personalidades narcisistas, abusos na infância ou na adolescência, falta de aceitação no ambiente social ou escolar... A sensação de insegurança ou solidão[6] intensifica essas feridas.

Estudos a respeito da natureza viciante da pornografia datam de um longo histórico.[7] Sabemos, por meio de técnicas de imagem, que a dependência de pornografia e de cocaína são similares, pois ambas afetam o lóbulo central do cérebro. Trata-se de um processo que estimula o centro do prazer e prejudica o controle dos impulsos. Há, portanto, um paralelo bioquímico entre o vício em pornografia e o vício em drogas.[8] Demonstrou-se que o consumo de pornografia desencadeia a liberação de grandes quantidades de dopamina no cérebro, com uma tolerância crescente. Isso indica que é preciso uma dose cada vez maior para obter os mesmos efeitos.[9] O mecanismo é semelhante à

---

6   Ibid.

7   Carnes, 1991, 2001, 2007, apud ibid.

8   Hilton, Watts, 2011, apud ibid.

9   Ibid.

Amar e ser amado

dependência de álcool ou sexo.[10] O problema desse vício, como o de outros, é que, quando ele existe, sobrepõe-se a todo o resto e passa por cima de estudos, família, trabalho e amigos. É avassalador, como um furacão que destrói tudo ao seu redor. Na recente crise do coronavírus, o Pornhub abriu seu conteúdo gratuitamente para aproveitar esse período de reclusão e atrair o maior número possível de pessoas, dizendo que seu lucro seria destinado ao combate do coronavírus...

O vício nas mulheres

Por vezes pensamos que o vício em pornografia é apenas um problema dos homens, mas não é verdade. Muitas mulheres também sofrem com ele, e algumas também têm dependência de sexo.

Na origem, frequentemente há uma desesperada necessidade de afeto e segurança.[11] Embora os estímulos visuais nas mulheres não sejam tão intensos quanto nos homens, elas tendem a se viciar mais em *chats* e videochamadas, mensagens, literatura erótica etc. Nesse caso, a promessa de um relacionamento romântico aumenta a liberação de dopamina no cérebro; por isso, muitas são leitoras de romances desse tipo ou podem desenvolver dependência de novelas ou *reality shows*.

---

10   Ibid.

11   Ibid.

SOU VICIADO EM PORNOGRAFIA?

No caso de *Cinquenta tons de cinza*, idealiza-se a relação com um homem que tem uma patologia e normaliza-se o sexo perigoso,[12] promovendo uma visão distorcida das relações, o que levou muitas mulheres a aceitar comportamentos de risco para a própria saúde e integridade física.

Além disso, as mulheres tendem a transitar da pornografia para uma relação física real com alguém que conheceram em *chats* na *internet* com mais facilidade do que os homens. Os riscos físicos e emocionais de tal comportamento são extremamente altos.

No fundo, o que existe são mulheres com feridas emocionais que buscam desesperadamente amor e segurança, mas o fazem pelo caminho errado, acreditando que assim alcançarão uma relação romântica que lhes trará estabilidade no futuro. Essas feridas têm origem em vícios, abusos, divórcios, abandonos ou rejeições. Tudo isso produz traumas e, ao tentar bloqueá-los, muitas delas recorrem ao álcool, às drogas e ao sexo, entrando em uma espiral de autodestruição que, às vezes, termina na prostituição ou na permissão de atuar em vídeos pornográficos.

Por que sinto que meu marido é infiel?

A primeira coisa que uma mulher sente quando seu marido vê pornografia é que ele já lhe foi infiel em seu coração.

---

12 Ibid.

Amar e ser amado

Ele desejou outras mulheres e cultivou esse desejo dia após dia. É uma traição devastadora, e o coração se parte em mil pedaços. Com ele, quebra-se também a confiança, e a comunicação fica abalada.

A mulher se pergunta se a pornografia foi suficiente para satisfazê-lo, ou se ele procurou sexo em outro lugar; se ele contraiu uma infecção sexualmente transmissível ou gastou dinheiro nessas atividades. A angústia e a incerteza a inundam. Como os homens mantêm isso em segredo e recorrem a mentiras para consumir sexo, isso prejudica a comunicação. Como consequência, ambos ficam cada vez mais sozinhos, até que a solidão se transforma em um peso insuportável que acaba destruindo o casamento. Além disso, é tempo perdido com a família e com as pessoas que ama ou que deveria amar.

A pornografia é uma atividade que torna as pessoas egoístas, como acontece com todos os vícios, porque nos torna incapazes de pensar nos demais e amar. Às vezes, um sinal de alerta se acende na esposa quando o seu marido lhe pede uma prática sexual humilhante. Desde que a troca de casais se tornou mais comum, conheço mulheres que a aceitam apenas para agradá-los. Nenhuma, passado certo tempo, continuou junto do marido. As mulheres se sentem usadas, e não amadas.

Elas esperam de seus esposos que toda a vida íntima do casal pertença somente a eles; afinal, foi o que prometeram no dia do casamento. Por isso, as mulheres enxergam o consumo de pornografia como uma traição

SOU VICIADO EM PORNOGRAFIA?

e perdem a confiança em seus maridos. Isso também gera ira, dor e ansiedade.

Quando dou palestras em turmas dos anos finais do ensino fundamental sobre educação sexual, deixo meu contato caso alguém queira perguntar algo em particular. Às vezes, pais de família que me escutaram ligam chorando, pois estão mergulhados no vício em pornografia e não conseguem encontrar uma saída.

A boa notícia é que há uma saída. Exige esforço, tempo e perdão, mas é possível. Requer paciência, porque o processo de recuperação é lento, mas alcançável. E, em geral, é menos doloroso do que um divórcio.

Quais são os efeitos sobre os filhos?

Os filhos que descobrem que o pai consome pornografia perdem o respeito por ele. Não são poucos os pais de família que, em razão do vício, perdem inúmeras oportunidades de cultivar a felicidade familiar, jogos de futebol ou momentos à mesa. Além disso, muitos destinam parte do orçamento para assistir à pornografia, frequentar clubes de *striptease* ou recorrer à prostituição.

Na atualidade, com os dados disponíveis, sabemos que as crianças começam a consumir pornografia aos oito anos de idade,[13] e, nas redes sociais, aos doze.[14] Aos dezoito, 90% dos meninos e 60% das meninas já viram

---

13   Black, 2013, apud ibid.

14   Family Safe Media, 2007, apud ibid.

Amar e ser amado

pornografia na *internet*. Parte desse público também já foi exposta a conteúdo envolvendo sexo em grupo, relações homossexuais, sadomasoquismo, pornografia infantil e zoofilia.

Encontrou-se uma relação entre crianças e adolescentes que consomem pornografia e os tipos de personalidade narcisista, fomentada por pais que cultivam e satisfazem todos os caprichos de seus filhos. O resultado são crianças sexualizadas, que desde muito cedo viram perversões sexuais e crescem pensando, por exemplo, que a violência na sexualidade é normal e que as mulheres gostam disso. Os garotos pensam que não há problema em usar as mulheres, que elas querem sexo o tempo todo, que gostam de sexo oral e anal e que consideram a promiscuidade uma coisa boa.

Já as garotas crescem pensando que devem ceder a tudo isso se quiserem ser amadas, que devem se parecer com uma estrela pornô, que é preciso ser agressiva em seus relacionamentos e que é impossível um homem ser fiel.[15]

O dano que a pornografia causa tanto em garotos quanto em garotas é quase irreparável. Ele pode se concretizar de diferentes maneiras:

- Distorce o conceito real da sexualidade ao vender coisas que não são verdadeiras. Faz com que eles acreditem, por exemplo, que o sexo em grupo, violento ou sadomasoquista são coisas normais de que todos gostam.

---

15   *Psychology Today*, 2014.

SOU VICIADO EM PORNOGRAFIA?

- Transmite a ideia de que as mulheres querem sexo o tempo todo, o que é falso.
- Diz que o tempo de resposta sexual das mulheres é curto, o que é falso.
- Afirma que as mulheres gostam de promiscuidade e que não esperam fidelidade de um homem, o que é falso.
- Diz que as mulheres querem separar o sexo da vida afetiva, o que é falso.
- Transmite às mulheres que, caso não se comportem como estrelas de filmes pornográficos, ninguém as amará. E isso também é falso.

Os efeitos na sociedade

- A pornografia aumenta a promiscuidade sexual. As relações promíscuas são vistas como normais, e espalham entre a população a sensação de vazio e solidão.
- A pornografia aumenta o assédio sexual. Existe uma relação entre agressores sexuais e consumo de pornografia.
- A pornografia aumenta o número de gravidezes, infecções sexualmente transmissíveis e abortos entre adolescentes em virtude da promiscuidade sexual. Entre os adolescentes norte-americanos, há 3 milhões de novos casos de infecções por ano.
- A pornografia dificulta a construção de relações saudáveis e duradouras e, às vezes, as impede, pois cria uma visão da pessoa e da sexualidade incompatível com o amor, que exige uma relação estável.

Amar e ser amado

O que é o 'sexting'?

O *sexting* pode ser um delito, já que, em muitos casos, envolve imagens sexuais de menores. Usar essas imagens sem o devido consentimento para que toda a turma da escola as veja aumenta o número de suicídios. Típico exemplo é o do adolescente que pede à namorada fotos sem roupa e, quando o relacionamento termina, as envia para a classe. Ele a usa, não a ama. E nela se produz uma imensa ferida causada pela traição.[16]

Muitas vezes, a ilusão dessas garotas é se parecer com uma estrela de filmes pornográficos. O que quase ninguém sabe é que essas estrelas, pela dor, pelas feridas emocionais e pela sensação de serem usadas, têm uma expectativa média de vida de trinta e sete anos...

Há uma solução?

A boa notícia é que sim; há uma série de programas de recuperação que funcionam. Muitas das pessoas que entram nesses programas experimentam uma grande sensação de libertação, pois levavam uma vida dupla: a normal e a do vício em pornografia.

O primeiro passo para a recuperação é reconhecer que existe um problema e buscar ajuda, ou seja, ser avaliado por um terapeuta qualificado nessa área.

---

16 S. Lubben, *A verdade por trás da pornografia: confissões de uma ex-atriz pornô.* Brasília, 2022.

SOU VICIADO EM PORNOGRAFIA?

Como em todas as dependências, é necessário evitar os gatilhos que podem provocar uma recaída.

Depois, é preciso desintoxicar o cérebro dos estímulos químicos da dependência. A terapia exige o compromisso de se deixar ajudar e seguir todas as orientações dos profissionais, até a cura. Às vezes, isso inclui reabrir as feridas para curá-las e fortalecer uma visão da sexualidade como expressão do amor entre pessoas que se amam, e não como uma forma de usar os outros.

No processo de recuperação, entender por que a pornografia faz mal ajuda a evitá-la. Diversos fatores dificultam esse processo, como a negação do problema, o orgulho, o medo, a vergonha e a falta de compromisso. Contudo, as pessoas que superam esses obstáculos e se curam sentem-se muito mais livres, com a sensação de que recuperaram o controle de suas vidas.

E se estamos casados, como superamos?

Alguns homens pensam que a esposa deve tolerar o seu vício em pornografia. Primeiro, porque não acham que seja algo ruim. Depois, porque não estão dispostos a se esforçar para mudar. São narcisistas em grau extremo e seu casamento, assim como qualquer relacionamento futuro que possam pensar em ter, está fadado ao fracasso.

A confiança não é imposta, mas conquistada. Demora-se para ganhá-la e pode ser perdida em instantes. É o ingrediente essencial para que as relações humanas funcionem,

Amar e ser amado

sejam familiares, profissionais ou de qualquer outro tipo. Quando alguém comprometido com outra pessoa assiste à pornografia, o que essa pessoa sente é traição.

É verdade que devemos ser compreensivos e compassivos com aqueles que enfrentam algum tipo de dependência. Para poder ajudá-los, precisamos compreender as feridas profundas que os levaram a essa situação.

Trair a confiança de alguém nos coloca em uma posição de dívida, com números vermelhos em destaque. A única solução é estar genuinamente decidido a lutar contra o vício, buscando no âmago de seu ser as causas que o originaram. E há diversas: feridas emocionais do passado, falta de conhecimento sobre a sexualidade humana, ausência de educação sexual adequada ou solidão. Em qualquer um desses casos, e em outros, a única saída para o casal é recorrer à ajuda de um bom terapeuta — processo que, como sempre, começa com o reconhecimento do problema e da necessidade de ajuda.

O passo seguinte é cumprir todas as orientações. Um caso frequente é o de um homem casado, com filhos, dependente de pornografia e cuja esposa se sente profundamente ferida. Muitas vezes, a terapia passa pela abstinência sexual completa de ambos por quase um ano, pois o marido criou um padrão neurológico de resposta sexual incompatível com uma relação sexual normal. Por exemplo, a masturbação em poucos minutos dificulta que sua esposa consiga ter prazer nas relações sexuais. Além disso, ela se sente muito machucada, pois, em sua intimidade, considera-se usada, e não verdadeiramente amada. A abstinência, por

SOU VICIADO EM PORNOGRAFIA?

sua vez, proporciona a oportunidade de mudar esse padrão de resposta sexual e construir um novo.

Compreendo que seja um processo muito difícil, mas é possível.

É sempre melhor não cair em um vício, mas aqueles que o enfrentam precisam saber que há uma saída.

Os casamentos podem ser salvos, com tempo e trabalho árduo. O casal deve reconstruir a relação desde o princípio, uma vez mais. Aos poucos, eles curam suas feridas individuais e conjugais, superam os desafios, educam seus filhos... e, muitas vezes, conseguem ajudar outros casais nessa mesma situação.

O que fazer se meu filho está consumindo pornografia?

A primeira atitude é não culpá-lo, envergonhá-lo ou perder o controle. É fundamental explicar de forma clara em que consiste essa dependência e as razões pelas quais ela pode ser prejudicial.

Atualmente, a idade das crianças que se deparam com pornografia na *internet* varia entre oito e onze anos. Antes dessa faixa etária, devemos protegê-las para que não tenham acesso a esse tipo de conteúdo. Depois, precisamos ensiná-las a rejeitá-lo com consciência, pois essa é a única defesa eficaz.

Para proteger as crianças, temos que controlar a *internet* — com filtros adequados —, a televisão, os jogos de

Amar e ser amado

videogames e os filmes aos quais elas assistem. Uma estratégia que tem se mostrado eficaz é posicionar o computador em um local de passagem, de modo que todos possam ver o que está sendo acessado. É importante não usar celulares e *tablets* como babás eletrônicas, pois as crianças podem acabar sendo expostas a conteúdos indesejáveis.

O tempo de tela, mesmo com conteúdos apropriados, deve ser limitado, pois crianças precisam ler, praticar esportes, brincar ao ar livre e interagir com outras crianças de forma real, não apenas virtual. Para isso, os pais também devem controlar o próprio uso da tecnologia, a fim de dar um bom exemplo e ter uma vida o mais real possível.

Receber educação sexual em casa é fundamental nesse processo. Precisamos de formação.[17] Se, em algum momento, a situação sair do nosso controle e percebermos que uma dependência foi estabelecida, é imprescindível buscar ajuda profissional o quanto antes.

Precisamos conhecer a origem do problema: há alguém por aí tentando destruir nossos filhos, porque isso gera altos lucros. Essas pessoas não se importam com crianças e jovens. Não se importam com famílias. São capazes de destruir qualquer coisa que apareça em seu caminho apenas para ganhar dinheiro. Não são diferentes dos traficantes de drogas, mas é muito mais fácil para elas entrarem em nossas casas pela porta dos fundos. Não devemos permitir que façam isso.

---

17   Recomendo a especialização em educação afetivo-sexual da Universidade Católica San Antonio de Murcia.

SOU VICIADO EM PORNOGRAFIA?

Uma família unida, na qual pais e filhos se sintam amados, é a melhor garantia de felicidade para o futuro.

Se nossos filhos já são adolescentes, os riscos são muito maiores. Em parte, porque eles se sentem invencíveis e acreditam que nunca desenvolverão uma dependência. Este é o momento de educá-los sobre os perigos da pornografia como parte da educação para o amor. Ensine-os a diferença entre usar alguém e amá-lo. Aprender a amar trará enorme felicidade para suas vidas.

Por outro lado, usar os outros causará desassossego e, a longo prazo, desespero. Nessa formação, é fundamental apresentar a evidência científica do que é uma dependência, para que eles compreendam os perigos a que estão expostos, além de explicar o que é a indústria da pornografia e o que ela espera deles, transmitindo a mensagem de que, caso caiam, devem pedir ajuda, pois não serão julgados nem condenados por seus pais. Também é importante envolver as escolas nessa missão.

Certamente, é necessário manter os controles, os filtros e o uso equilibrado da tecnologia em casa como forma de ajudar a todos, assim como retirar os dispositivos eletrônicos à noite, para mantê-los fora de alcance, já que há muitos problemas relacionados ao sono e ao baixo desempenho escolar. Devemos também preveni-los contra o *sexting* e outras práticas semelhantes, pois podem ser formas de pornografia infantil.

Acima de tudo, devemos fazer com que eles se sintam incondicionalmente amados, que sejam conscientes do amor que nutrimos por eles e de que esse amor só é possível

Amar e ser amado

quando as pessoas não são tratadas como mercadorias, e sim amadas como seres humanos.

Há uma saída

É possível superar o vício e levar uma vida limpa e coerente. Para isso, deve-se reconhecer a existência do problema e buscar a ajuda adequada. No caso de um homem casado, ele precisa contar com o perdão da esposa para a sua recuperação. Esse processo é lento, pois muitas imagens permanecem gravadas no cérebro e podem surgir quando menos se espera.

Às vezes, como já mencionei, a cura envolve a abstinência sexual, inclusive com a própria esposa, durante vários meses. A explicação reside na necessidade de construir em paralelo um caminho para uma nova resposta sexual, na qual a sexualidade se torna uma expressão de amor e entrega ao outro, e não um meio egoísta de satisfazer os próprios desejos.

Para alcançar esse objetivo, necessário para curar-se, outro passo é fazer algo pelos demais, na família, no trabalho ou na sociedade. A solidariedade, a preocupação com o outro e a participação em atividades voluntárias são meios que nos ajudam ir além de nós mesmos.

A gratidão também é uma grande aliada. Em certa ocasião, ouvi de um professor de filosofia que "a única forma sensata de estar no mundo é adotando uma atitude de dívida-gratidão". De fato, sentimo-nos muito

SOU VICIADO EM PORNOGRAFIA?

melhor quando pensamos em tudo o que os outros já fizeram por nós em vez de nos concentrarmos no que eles nos devem.

Quando as medidas necessárias são tomadas, a esperança na recuperação é certa e segura. Basta dedicar-se a ela.

11

AMAR E SER AMADO

Até hoje não conheci ninguém no mundo que não desejasse ser amado. É impressionante como o ser humano foi feito para o amor, mas não qualquer amor: um amor incondicional, que dure para sempre. Quando se lembram de nosso aniversário, quando nos dão um pequeno presente, quando ligam apenas para saber como estamos ou quando nos visitam no hospital nos sentimos amados — nos sentimos bem.

Com a sexualidade humana acontece algo semelhante. Disse antes que o corpo tem uma linguagem própria. Nas relações sexuais, quando uma pessoa sente que a outra lhe entrega não apenas sua pele, mas também sua vida, todo o seu ser em vez de seu corpo, essa pessoa se sente absoluta e completamente *amada*. As mulheres, que expressam mais sentimentos do que os homens, às vezes chegam a chorar nesse momento e o fazem porque sentem a felicidade da total entrega do outro.

A sexualidade humana é uma espécie de ponte física que une o homem à mulher e expressa, por meio da linguagem corporal, que não pertencemos a nós mesmos, mas ao outro. Esse vínculo só é possível se entregamos a nossa vida ao outro, se verdadeiramente pertencemos ao outro e ele for a nossa outra metade.

Amar e ser amado

Quando digo isso em sala de aula, a princípio causa estranhamento, porque hoje em dia pensar em dar a vida por algo ou alguém parece pouco plausível. No entanto, com o passar das semanas, os alunos começam a pensar em quanto gostariam de ter alguém que fizesse tudo por eles, que os amasse de forma tão absoluta, tão radical, sem quaisquer condições. Essa ideia foi reforçada durante a pandemia de Covid-19, na qual os profissionais da saúde e religiosos deram a vida pelas pessoas doentes.

A linguagem que o corpo expressa durante as relações sexuais transmite a ideia de que minha vida é sua para toda a eternidade. Esse é o seu sentido e significado. Daí a sábia afirmação de que "todo ser humano deve, perseverante e coerentemente, aprender o que é o significado do corpo".[1]

O erotismo, algo predominantemente humano, pode ser compreendido, porque "o homem-pessoa se torna um dom [...]; embora esteja ligado a uma busca de prazer, supõe a admiração e, por isso, pode humanizar os impulsos".[2]

Quando a sexualidade está desordenada, o significado e o sentido estão ausentes; ela se transforma em uma busca incansável pelo prazer físico, apenas com o fim de utilizar o outro, sem amá-lo. Dessa desorganização procedem a pornografia, a prostituição e a promiscuidade, que

---

1 Papa Francisco, *Amoris Laetitia*. Vaticano, 2016. Disponível em: https://www.vatican.va/content/francesco/pt/apost_exhortations/documents/papa--francesco_esortazione-ap_20160319_amoris-laetitia.html#_ftn153. Acesso em: 17 dez. 2024.

2 Ibid.

AMAR E SER AMADO

tantas complicações causam em forma de doenças físicas e emocionais. Dela também se originam o sofrimento de muitas pessoas, quase sempre mulheres, que se sentem usadas por alguém que não as amava; foram apenas uma diversão passageira, longe de representar qualquer compromisso duradouro.

Essa é uma das queixas mais frequentes das mulheres com as quais converso. Elas lamentam o fato de muitas vezes terem se entregado a um homem que na realidade não as amava. Nesse contexto, podemos compreender algumas palavras que, embora escritas há muitos anos, não perderam a atualidade:

> Do ponto de vista do amor pela pessoa e do altruísmo, deve-se exigir que no ato sexual o homem não seja o único a chegar ao ápice da excitação, que deve acontecer com a participação da mulher, e não às suas custas [...]. Sexólogos afirmam que a curva de excitação da mulher é diferente da do homem, aumentando e diminuindo de forma mais lenta [...], o homem deve levar em consideração tal diferença de reações. Nesse campo, há um ritmo determinado pela natureza que os cônjuges devem encontrar [...]. Assim, a felicidade subjetiva que experimentarão terá traços de *frui*, ou seja, da alegria que traz a ação em harmonia com a ordem objetiva da natureza. O egoísmo, ao contrário — e, nesse caso, o egoísmo do homem —, é inseparável do *uti*, isto é, do caráter utilitário segundo o qual uma pessoa busca seu próprio prazer em detrimento da outra.[3]

Chama a atenção que essas palavras foram escritas em 1960 e que tratem de algo tão desconhecido para a

---

3   K. Wojtyla, *Amor y responsabilidad*. Ed. Razón y Fe, 1978.

Amar e ser amado

grande maioria das pessoas. Estudos posteriores apenas as confirmaram. Calcula-se que o tempo de resposta sexual é aproximadamente de dez minutos para o homem e quarenta e cinco para as mulheres. Isso significa que, se o homem não espera o tempo adequado, preenchendo-o com afeto e erotismo direcionados ao amor, para que a mulher se sinta amada, ela "nunca mostrará toda a sua personalidade nessa relação",[4] sentindo-se frustrada e triste e evitando relações. Essa situação gerou e ainda gera o rompimento de muitos casamentos, em virtude da falta de compreensão das "leis objetivas do processo sexual".[5]

Sternberg[6] descreve o matrimônio sem relações sexuais como um "amor vazio" e pontua que, em muitos casos, essa é a causa de ruptura entre os casais. De fato, quando alguém escuta essa afirmação pela primeira vez, parece algo estranho, já que a corrente de pensamento dominante é a contrária. Todavia, com o passar do tempo, aqueles que a escutam e refletem sobre o assunto se dão conta de que a ideia de amor incondicional ecoa no coração como algo belo e bom — e, quando uma coisa é bela e boa, quase sempre é verdadeira. Quando falo às novas gerações sobre mudar o mundo e recuperar a ideia da sexualidade humana como expressão do amor e de entrega pessoal, isso agrada, pois lhe parece algo positivo.

---

4   Ibid.

5   Ibid.

6   Sternberg, op. cit.

AMAR E SER AMADO

Também lhes digo que esse é um dos desafios que encontrarão pela frente. Talvez as próximas gerações consigam consertar o que nós, adultos, estragamos ou simplesmente deixamos de fazer. Trata-se de colocar em prática uma contrarrevolução cultural para humanizar a sexualidade e devolvê-la a seu lugar original, de onde nunca deveria ter saído.

12

A FAMÍLIA, LUGAR EM QUE QUASE SEMPRE SOMOS AMADOS

Todos nós queremos ser amados, e o lugar natural onde isso ocorre é na família; no entanto, nem sempre é assim. Há situações complicadas e, às vezes, uma família boa e funcional passa por momentos difíceis, que devem ser superados com paciência e otimismo. Apesar disso, a família é o ninho para o qual deveríamos sempre voltar quando necessitamos. "O homem não é um ser que foge do ninho, mas nele permanece. A família se transforma, assim, no ventre materno, um requisito para existir".[1]

Em nosso lar, sentimo-nos confortáveis porque sabemos que somos aceitos, acolhidos e amados. Por tal razão, o lar nos torna capazes de receber outras pessoas, de hospedar amigos. Você já participou de uma reunião familiar sem qualquer tensão, em que todos são amáveis, sorriem e estão ali para agradar aos demais? Acredito que esta seja uma das experiências mais belas da vida. Não basta estar junto; é preciso estar junto de forma *saudável*. Para isso, todos devem colaborar, pois quando há alguém mal-humorado e

---

1   Papa Bento XVI, op. cit.

105

Amar e ser amado

inconveniente a magia se rompe e a única coisa que desejamos é ir embora.

Por outro lado, quando as reuniões com a família e os amigos são boas, elas são *muito boas*. Arrisco a dizer que esta é uma forma de nos aproximarmos das janelas do Céu, já que a felicidade produzida nesses momentos é contagiante e permanece em nosso estado de espírito por vários dias.

As pessoas podem ser acolhedoras ou não. Sempre queremos estar com as primeiras, porque elas se preocupam conosco, porque estão lá quando precisamos, porque se vamos visitá-las e chega a hora de comer, elas nos pedem para ficar e compartilham o que têm. São especialistas em distribuir alegria ao seu redor; adoram dar boas notícias e se alegram com o bem dos demais. Das outras, aquelas que não são acolhedoras, preferimos manter distância, porque é incômodo estar com elas.

O lar é pessoal; ele nos acompanha independentemente do número de pessoas que o compõem, podendo ser até mesmo uma. "A pessoa que tem um lar o carrega consigo aonde quer que vá, porque esse lar é parte de seu próprio ser. Não existem, por acaso, homens e mulheres que criam lares por onde passam, pessoas acolhedoras que oferecem, somente com a própria presença, um lugar para se sentir em paz?".[2]

Por vezes, as responsabilidades familiares mudam e, de repente, os pais deixam de acolher para serem acolhidos; de cuidar para serem cuidados; de ter responsabilidades

---

2   J. Burggraf, *Libertad vivida con la fuerza de la fe*. Madrid: Rialp, 2006.

A FAMÍLIA, LUGAR EM QUE QUASE SEMPRE SOMOS AMADOS

para que a responsabilidade de suas vidas recaia sobre outros. Isso pode ser desconcertante para os filhos, que momentaneamente pensam que essa situação nunca deveria ter acontecido, porque seus pais tinham a obrigação de cuidar deles para *sempre*...

Não é uma mudança fácil para ninguém, muito menos para os pais, mas o importante é que, no coração de seus filhos, os pais sempre ocupem um lugar especial, onde eles, que tanto fizeram, se sintam à vontade, e não excluídos. Um lugar onde possam descansar da velhice, da invalidez e das doenças; um lugar onde se sintam verdadeiramente amados.

Pessoas acolhedoras são mais felizes e têm mais amigos. Isso acontece porque fomos feitos para os demais, para ir além de nós mesmos e fazer os outros felizes, abrindo mão do nosso tempo e do nosso conforto. Essa atitude diante do mundo se transforma em felicidade e, não poucas vezes, em lucidez, porque alguns especialistas já defendem que as pessoas mais lúcidas do mundo são aquelas que mais se preocupam com outros.

"O homem é como uma planta que, durante toda a sua vida, precisa da cálida luz proveniente da amorosa companhia humana".[3] Não podemos viver sem contar com os outros, seria muito triste; tampouco podemos criar uma bolha ao nosso redor na qual admitamos apenas três ou quatro pessoas.

---

3   L. G. Lovasik, *El poder oculto de la amabilidad*. Rialp, 2015.

Amar e ser amado

O mesmo se aplica ao trabalho. Neste momento da história, não se pode fazer quase nada sozinho. Se alguém quer, de fato, ir longe e realizar coisas interessantes, precisa de uma equipe. E, para ter uma equipe, é preciso ser acolhedor, como os grandes líderes. Foram pessoas que souberam mostrar que é possível contribuir com o bem comum fazendo coisas boas, e fazendo-as bem; que ensinaram que relações humanas bem-construídas são a base do bem-estar comum; que assumiram que o sucesso é da equipe e o erro, individual; que mudaram o mundo, como Nelson Mandela, Martin Luther King, Abraham Lincoln, João Paulo II ou Madre Teresa de Calcutá.

"O homem pode ficar sem muitas coisas, mas não sem o próprio homem [...]. Se queremos criar e conquistar coisas grandiosas, devemos contar com a colaboração dos outros".[4] Por isso é essencial escolher as pessoas certas para nos acompanhar na jornada da vida.

Às vezes, os adolescentes se sentem sozinhos no mundo, ainda que estejam rodeados de pessoas que os amam. Não é fácil perceber seus sentimentos e ter empatia. As crianças se sentem amadas quando alguém lhes dá limites e carinhosamente faz com que esses limites sejam respeitados. Elas percebem que são importantes para alguém que está disposto a se esforçar para educá-las.

À medida que vão crescendo, os adolescentes se sentem amados quando são escutados, mesmo que a vontade de contar alguma coisa venha à meia-noite — não importa, é

---

4   Ibid.

A FAMÍLIA, LUGAR EM QUE QUASE SEMPRE SOMOS AMADOS

quando surge a vontade. Mas, se você não os escutar, eles terão a sensação de que ninguém se importa com o que acontece com eles. Por outro lado, se você os escuta mas não os acolhe, faz julgamentos de valor, se escandaliza diante do que dizem ou lhes dá uma bronca, eles nunca mais compartilharão nada com você.

13

SUAS TEORIAS SÃO IMPOSSÍVEIS

"Tudo isso que você fala é muito bonito, mas impossível de fazer". É o que meus alunos me dizem muitas vezes. Diante de tal situação, iniciamos uma conversa para pensar em como tornar possível o impossível.

Isso acontece em especial quando falamos da importância de construir bons relacionamentos com outras pessoas, e eu mesma reconheço que construí algumas relações bem-sucedidas e outras nem tanto. Dessas conversas, extraí algumas ideias, e as mais interessantes foram:

- *O grande valor da lealdade.* Ser leal significa não falar mal das pessoas próximas e sempre defender sua família, sua equipe, seus amigos, além de ser sincero e chamar as coisas pelo nome — erro é erro, verdade é verdade. É fundamental expressar-se de forma direta, caso seja necessário, mas sem machucar. Não há nada mais nocivo do que atirar uma pedra e esconder a mão. Quando esse comportamento é descoberto, a confiança se rompe para sempre. A lealdade é a virtude que sustenta a confiança mútua. Existem pessoas nas quais podemos confiar, outras não, e isso é algo que não se pode forçar, porque a confiança

Amar e ser amado

não se impõe, mas se conquista; custa muito ganhá-la e pouco perdê-la. Pessoas leais são admiradas em todos os lugares; as desleais, ao final, acabam sozinhas.

- *Gentileza no trato com as pessoas.* Todos preferem a boa educação à barbárie. Isso é relevante porque, às vezes, nos esquecemos de praticá-la com os mais próximos, fazendo ou dizendo coisas que seriam consideradas inadmissíveis em outros ambientes. Os nossos merecem nossos melhores modos, por respeito e por afeto.

- *Elogio.* Algo simples e pouco frequente. Há pessoas que defendem uma cultura contra elogios... Um grande erro! O medo de que uma criança, um aluno ou um membro da equipe se tornem presunçosos faz com que grandes esforços não sejam reconhecidos, o que pode causar desmotivação. O elogio é necessário, especialmente por parte de pais, educadores e líderes de equipe.

- *Afeto.* Já tratei do afeto em outro capítulo. Somos capazes de transmitir nossos sentimentos por meio dele, e é importante fazê-lo. Os demais necessitam saber que os amamos, e eles precisam comprová-lo fisicamente, não virtualmente.

- *Acolhimento, e não julgamento.* Quando conhecemos alguém, podemos ter dois comportamentos. O primeiro é "pensar positivamente" — "esta é uma boa pessoa, tem mais virtudes do que defeitos" — e nos dispor a acolhê-la em nosso círculo mais próximo. Essa postura é especialmente significativa com a família de nossos maridos ou esposas, genros, noras etc. e envolve não falar mal deles, ser cordial e ir conquistando sua confiança pouco

SUAS TEORIAS SÃO IMPOSSÍVEIS

a pouco. A segunda atitude concentra-se naquilo que é ruim, em não incentivar o pensamento positivo, não construir pontes, mas produzir rachaduras, e em fazer o possível para criticar e ressaltar os defeitos de cada um. Essa postura, por sua vez, separa as famílias e torna a convivência muito difícil.

- *Gratidão*. Agradecer é o que traz sabor à vida. De acordo com José María Barrio, "a única forma sensata de estar no mundo é com uma atitude de dúvida-agradecimento",[1] e cada vez mais estou convencida disso. Se nesta noite pensarmos em quantas coisas boas nos aconteceram durante o dia, a lista de agradecimentos seria interminável. Se amanhã estivermos atentos a tudo de bom que nos acontece, o dia se encherá de felicidade por coisas simples e o relacionamento com as pessoas se tornará mais gratificante. Há poucas pessoas assim, mas aquelas que o são criam uma atmosfera amigável e acolhedora ao seu redor, na qual todos querem estar. Ser grato tem muitas vantagens: "Purifica o coração, diminui a tristeza, aumenta a felicidade, conforta os outros e une as pessoas".[2]

- O perdão e os limites. Todos nós erramos e todos nós necessitamos que nos perdoem, assim como devemos perdoar aqueles que nos machucam. Algumas vezes, as pessoas que nos ferem pedem desculpas; outras, não, e então as coisas se complicam. Mesmo assim, estudos recentes afirmam que o perdão, ainda que apenas

---

1   María José Barrio (comunicação pessoal).

2   J. Philippe, *La confianza en Dios*. Madrid: Cristiandad, 2012.

Amar e ser amado

interno, promove a saúde física e mental; já o contrário pode causar doenças.[3]

Estabelecer limites também é indispensável: se você não permite que lhe levantem a voz, nunca lhe levantarão a mão. Isso se aplica a pais, irmãos ou irmãs, colegas de trabalho, chefes, maridos ou esposas. Sempre haverá momentos tensos e complicados, mas, se mantivermos a compostura e o respeito, curar as feridas será muito mais fácil. Entretanto, se gritarmos ou dissermos palavras ofensivas, cicatrizar as feridas será mais difícil e exigirá mais tempo, assim como um exercício de perdão profundo e maduro.

~

Em resumo, essas atitudes geram felicidade nas pessoas, enquanto as opostas produzem inquietação e desconforto. Temos apenas uma vida. Vale a pena ser o mais feliz possível, especialmente nas pequenas ações que dependem de nós.

O problema de nossa sociedade é que todos querem ser felizes, mas quase ninguém sabe como. Todos apreciam a alegria e o bom humor que as pessoas felizes irradiam; ninguém gosta de estar perto de alguém carrancudo, que sente raiva de si mesmo e do mundo. Todos nós queremos receber um sorriso, ouvir palavras gentis e sermos reconhecidos pelo que fazemos de bom.

---

3   J. Schlatter, *Feridas no coração: o poder curativo do perdão*. São Paulo: Quadrante, 2023.

14

MEU NAMORADO NÃO TEM "ATMOSFERA"

Certo dia, quando entrei na sala de aula, encontrei os alunos inquietos. Eles estavam cansados porque haviam acabado de fazer uma prova e não tinham vontade de trabalhar ou pensar. Uma aluna então se aproximou e perguntou:

— Posso te mostrar uma coisa?

Como já não tinha nenhuma esperança de começar a aula no horário, concordei, e ela me mostrou, pela tela do celular, a foto de um garoto bonito.

— O que você acha...? É o meu namorado.

— Ah... interessante.

— Só tem um problema: ele não tem atmosfera.

Alguns dias antes, havíamos conversado a respeito do modelo antropológico personalista, que compreende a pessoa humana a partir de três dimensões, e por isso ela dissera aquilo.

Fazia tempo que eu pensava em uma ideia: queria explicar sexualidade a partir de um modelo simples e compreensível da pessoa. Meu conselheiro familiar, Tomás Prieto del Estal,[1] havia me explicado o modelo de três dimensões e decidi ler alguns livros que se aprofundassem no tema: *Pessoa e ação*, de Karol Wojtyla; *A estrutura da*

---

1   Tomás Prieto del Estal (comunicação pessoal).

Amar e ser amado

pessoa humana, de Edith Stein; os *Manuais de Antropologia*, de Juan Manuel Burgos e Ricardo Yepes Stork; todos muito interessantes... O problema era como explicar esse conceito com simplicidade. Tive então a ideia de comentar com meus filhos: "Mamãe", eles responderam, "não dá para entender nada, nem mesmo a gente, que está acostumado a ouvir você". Foi aí que comecei a pensar em um desenho, um esquema, uma imagem, e recorri ao meu filho mais novo, que tem facilidade para transformar ideias em algo visual. Pedi que pensasse em uma forma de explicar o que eu havia dito e a desenhasse para mim.

Provavelmente, não é um grande modelo acadêmico. Provavelmente, como todos os modelos, não dá conta de explicar por completo a complexidade do ser humano, mas os meus alunos entendem o que eu quero dizer.

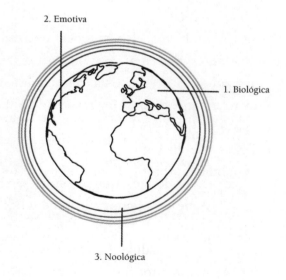

MEU NAMORADO NÃO TEM "ATMOSFERA"

A ideia é a seguinte: o ser humano é composto de três camadas, comparáveis, em nosso modelo planetário, à Terra. A camada sólida seria a nossa dimensão biológica, ou seja, a anatomia e a fisiologia, que se relacionam com o corpo físico.

A água — presente não somente nos oceanos como também em rios, lagos, lençóis freáticos e água da chuva — simboliza a dimensão emocional, nossas emoções. Os sentimentos e as emoções, desse modo, também estão presentes no corpo, nele entranhando-se e "nutrindo" a dimensão biológica.

Por fim, a atmosfera corresponderia à dimensão espiritual: ela envolve e permeia tanto o corpo físico quanto os nossos sentimentos.

Aquilo que de alguma maneira nos torna capazes de amar, em nosso modelo, é a atmosfera, porque nela reside a capacidade de nos movermos em direção a nós mesmos e ao outro. É também o que nos proporciona felicidade, pois as pessoas que mais pensam nos outros são as mais felizes. Ou, pelo menos, é o que os especialistas dizem. Todos nós temos o coração preenchido quando fazemos algo por alguém; nos sentimos melhor e mais felizes.

Em relação à "água" — as emoções e os sentimentos —, o objetivo são os desejos, que por si sós são bons. Se conseguimos o que desejamos, ficamos felizes; do contrário, ficamos tristes.

Quanto à "terra", que é a dimensão biológica, nos movimentamos por instinto, procurando o prazer e evitando a dor.

Amar e ser amado

Tanto a água quanto a terra representem o corpo humano, mas a atmosfera simboliza o espírito. Se ela reina sobre a terra, ainda que eu tenha uma dor de cabeça, posso ir à aula. Do mesmo modo, se ela reina sobre a água, posso terminar com um garoto que não me faz bem, mesmo gostando dele. Nossa biologia e nossas emoções, ou seja, nosso corpo, funcionam de forma harmoniosa, saudável e feliz quando nossa atmosfera os comanda, e não quando são eles que governam nossa vida.

Insisto que se trata de uma aproximação, pois nenhum modelo explica complemente o ser humano, mas serve para tentar esclarecer por que a educação dos sentimentos é necessária para sermos felizes.

Retomando o capítulo em que afirmamos que escolhemos o nosso destino, isso é certo sempre que sejamos capazes de cultivar uma atmosfera que governe o corpo, que possa superar, em determinados momentos, o cansaço físico, a preguiça, a vontade de beber mil drinques ou os sentimentos de desânimo. É nessa atmosfera que está a inteligência — que ilumina nossa vida para que possamos enxergar com clareza qual é o nosso caminho — e a vontade — que nos faz ir para onde quereremos e não para onde temos vontade, ou para onde nosso corpo ou nossos sentimentos querem nos levar.

Se não conseguirmos fazer isso funcionar, nos tornaremos reféns de nós mesmos e não governaremos nossa vida; ao contrário, nossas emoções e nossos sentimentos o farão. Não iremos para onde queremos, mas para onde eles

MEU NAMORADO NÃO TEM "ATMOSFERA"

nos levarem, sem esquecer que, muitas vezes, eles agem como tiranos que nos querem apenas para si.

Se voltarmos ao caso da minha aluna e seu namorado sem "atmosfera", o que se revelou foi que ele era uma pessoa mimada, sem iniciativa para cuidar da própria vida, sobretudo a emocional e a sentimental. Por isso, ele não combinava com ela. O resultado é que a capacidade de amar e de se comprometer com alguém se dilui no "estou com vontade" de cada momento. E esta não é a maneira de construir um relacionamento estável.

O tema da sexualidade humana aparece de forma clara nesse modelo. Buscamos a beleza e a felicidade, e também a verdade das coisas, porque é algo próprio das pessoas intelectualmente honestas e com inquietações. Não estamos satisfeitos com as informações que nos dão, queremos tirar nossas próprias conclusões. Quando nos deixamos levar apenas por nossos sentimentos, sem inteligência, muitas vezes nos machucamos.

Em relação à sexualidade, vista a partir do nosso modelo planetário, poderíamos afirmar que é uma das coisas mais belas que podem acontecer com um ser humano.

Comecemos pelo *corpo*. Para que a sexualidade humana seja saudável, as duas pessoas devem estar desfrutando da relação. Não é suficiente que uma chegue ao ápice da satisfação e a outra não. No decorrer dos anos, muitas alunas me contaram que esses encontros promíscuos com um estranho por apenas uma noite quase nunca as deixaram satisfeitas, mas o contrário. Elas têm uma sensação terrível de que fizeram papel de bobas ao entregar sua intimidade

Amar e ser amado

a um desconhecido que sequer tentou lhes proporcionar bons momentos. A sensação de ter sido usada é horrível. Portanto, o primeiro passo em uma relação sexual é que ambos compartilhem momentos agradáveis em um nível físico. Para isso, o homem deve saber que o tempo de resposta sexual das mulheres é muito mais lento e, assim, deve ser paciente e afetuoso.

Se nos centramos na dimensão das *emoções* — a água do nosso modelo planetário —, a sexualidade humana tem uma força brutal para fazer com que o outro se sinta amado, se sabemos como fazer e fazemos. Transmitir amor não é um ato de improvisação. Necessitamos de uma educação em afeto físico, e sabemos "que, em nove entre dez casos, o afeto é a causa de toda a felicidade sólida e duradoura que existe em nossa vida natural".[2] O corpo tem um enorme poder de transmitir sentimentos, se aprendemos a "amar com o corpo".[3]

Por fim, chegamos à dimensão *espiritual*. Toda sexualidade humana está pensada para alcançar esse ponto. Eu, com o meu corpo, digo a você que lhe entrego toda a minha vida e espero receber a sua. Em outras palavras, a sexualidade humana tem um sentido e um significado: eu expresso, por meio do meu corpo, que minha vida é sua para sempre.

O mais impressionante nisso é que nossos corpos foram desenhados para transformar o visível em invisível. O visível é a

---

2   C. S. Lewis, op. cit.

3   J. de Irala, *Un momento inolvidable: juntos por primera vez*. Edição do autor, 2020.

MEU NAMORADO NÃO TEM "ATMOSFERA"

relação sexual. O invisível é o que ela representa, ou seja, duas pessoas que se entregam à vida para sempre.

Por isso, quando uma relação sexual envolve prazer físico, perceber-se amado e sentir profundamente como alguém se entrega a nós, essa relação produz imensa felicidade. Muitos alunos me dizem que isso é impossível, porque a vida não é assim. Respondo com as perguntas:

Qual vida?

Por acaso vocês não gostariam de experimentar algo assim?

Por acaso vocês se contentam com pouco, com uma felicidade sem graça, com uma caricatura do amor e nada mais?

Vocês não se dão conta de que foram feitos para as melhores coisas da vida?

Que rastros as relações sexuais casuais deixam para trás?

Será que há nelas algo além de um pouco de prazer — se é que há — e uma grande sensação de vazio?

Sejamos honestos. Aspiremos a algo maior: aquilo para o que fomos feitos.

15

A FADA E O UNICÓRNIO

Era uma vez uma bela fada, que vivia em um bosque com árvores altas e frondosas. Certo dia, um unicórnio, conhecido por aniquilar todas as donzelas que encontrava pelo caminho, aproximou-se dela.

O unicórnio foi em sua direção com grande ímpeto, mas ela o deteve rapidamente.

— Para onde você vai? — perguntou a fada.

— Vou destruir você! E depois a comerei!

— E depois, o que você vai fazer? A fome que você sente agora não será saciada se me destruir.

— Mas é uma fome selvagem — respondeu o unicórnio. — Uma fome que mal posso controlar.

— Se me destruir agora, você será condenado a sofrer a mesma fome por toda a eternidade. No entanto, se ficar ao meu lado e se tornar meu amigo, a fome se transformará em afeto e, depois, em amor por mim. Você poderá conhecer e ser amigo das donzelas sem destruí-las, e será feliz com elas.

O unicórnio permaneceu ao seu lado. Com muito esforço, ele aprendeu a controlar sua fome, a conviver com ela, e seu insaciável desejo pouco a pouco se transformou em amor pela fada e por todos os outros seres que habitavam o bosque.

123

Amar e ser amado

~

Este belo conto medieval ajuda a explicar por que os seres humanos, famintos por amor, desejam, conscientemente ou não, um amor incondicional que dure para sempre.

O unicórnio representa o *eros*, o desejo, o que é bom. É o anseio pelo infinito que todos carregamos em nossos corações, o desejo de um amor incondicional e de uma felicidade que dure para sempre. Desejar o outro é bom para mim, porque me complementa. Porém, e quando o desejo é incontrolável, destrói a mim e aos outros, o que devo fazer? Estou condenado a morrer de fome, a destruir? Mato o unicórnio ou mato o desejo? Por acaso, o meu desejo é algo ruim?

Se *eros* é um clamor para o infinito,[1] o que devo fazer para domá-lo? E, acima de tudo, quem é a fada que vai me ajudar? Precisamos domar o *eros* com transcendência, ou seja, com a capacidade de pensar no bem dos demais e desejá-lo acima de nossos próprios desejos. A transcendência é a fada que doma *eros*, o unicórnio. Com a transcendência, esse desejo selvagem pelo outro, esse *eros*, torna-se amor, felicidade e realização. Torna-se família e amor incondicional. Torna-se estar sempre com você e somente com você, ou seja, transforma-se em fidelidade, em êxtase permanente.

---

1   C. West, *Llena estos corazones: Dios, sexo y el anhelo universal*. Ed. Sindéresis, 2019.

A FADA E O UNICÓRNIO

Quando perguntam às mulheres se desejariam um marido ou namorado que não controla os próprios instintos e desejo sexual, nenhuma responde afirmativamente. Todas querem um homem que saiba como agir, que tenha autocontrole e que em nenhum momento se transforme em um predador.

Sem transcendência, o *eros* reduz o outro a mercadoria a ser comprada e vendida, da qual se obtém apenas mera satisfação, o que sempre causará dor: aí estão os casos de estupro, pedofilia, pornografia e prostituição. É o *eros* desumanizado, que priva os seres humanos de sua dignidade e transforma em predadores aqueles que usam os outros.

Quando a fada doma o unicórnio, nasce o amor entre eles.

Quando o que importa é o bem dos demais, então temos um amor que preenche o coração do homem.

E o preenche para sempre.

Direção geral
Renata Ferlin Sugai

Direção de aquisição
Hugo Langone

Direção editorial
Felipe Denardi

Produção editorial
Juliana Amato
Karine Santos
Oscar Solarte

Preparação de texto
Beatriz Mancilha

Capa
Gabriela Haeitmann

Diagramação
Sérgio Ramalho

ESTE LIVRO ACABA DE SER IMPRESSO
PARA A QUADRANTE EDITORA, NOS PAPÉIS
IVORY SLIM 65g, AOS 15 DE MAIO DE 2025.

OMNIA IN BONUM